电动自行车/代步车维修
从入门到精通

（全彩图解+扫码看视频）

组　编　绿盟电动车维修学校
主　编　刘遂俊
副主编　刘伟豪

本书系统介绍了电动自行车/代步车维修必备的基础知识、方法和技巧。书中采用图解流程和扫码看视频的方式，系统讲解了电动自行车/代步车的常见故障及排除方法。本书在编写中以实际维修为例，采用大量的现场照片、操作示意图和微视频，对维修全过程进行讲解，使读者通过阅读本书能举一反三，达到立竿见影的效果。

本书内容通俗易懂，形象直观，简洁实用，易学易用，将故障检修思路与故障排除实例有机地结合起来，具有针对性和实用性，便于读者迅速掌握电动自行车/代步车的维修技能。

本书可作为电动自行车/代步车专业维修人员的作业指导书和培训教材，也适合广大电动自行车/代步车用户阅读学习。

图书在版编目（CIP）数据

电动自行车/代步车维修从入门到精通：全彩图解＋扫码看视频/刘遂俊主编．—北京：机械工业出版社，2021.9（2025.6重印）
ISBN 978-7-111-68795-5

Ⅰ.①电⋯　Ⅱ.①刘⋯　Ⅲ.①电动自行车—维修—图解　Ⅳ.①U484.07-64

中国版本图书馆CIP数据核字（2021）第169379号

机械工业出版社（北京市百万庄大街22号　邮政编码100037）
策划编辑：连景岩　责任编辑：连景岩　丁　锋
责任校对：王　欣　封面设计：马精明
责任印制：单爱军
中煤（北京）印务有限公司印刷
2025年6月第1版第10次印刷
169mm×239mm · 11.25印张 · 217千字
标准书号：ISBN 978-7-111-68795-5
定价：59.90元

电话服务　　　　　　　网络服务
客服电话：010-88361066　机　工　官　网：www.cmpbook.com
　　　　　010-88379833　机　工　官　博：weibo.com/cmp1952
　　　　　010-68326294　金　　书　　网：www.golden-book.com
封底无防伪标均为盗版　机工教育服务网：www.cmpedu.com

前言 PREFACE

电动自行车作为非机动车，因其经济实用，容易骑行，受到广大消费者的青睐，在我国城乡已经大量普及。由于电动自行车是电磁、电化学、电子和机械相结合，技术含量较高的机电产品，同时由于其工作环境随气候和地区不同变化较大，不平道路的颠簸，骑行环境恶劣，再加上用户使用不当，高故障率在所难免。因此，电动自行车的维修工作就成了目前较热门的工作。

近年来，老年代步车在社会上也得到广泛普及，由于其车速低，使用方便，大多又安装有车篷和冷热装置，特别适合老年人骑行和接送小孩使用。代步车和电动自行车相比，既有相同之处，又有不同之处。虽然代步车也由"四大件"组成，但是其结构和电路更加复杂，维修难度也较大。因此本书对代步车进行重点介绍，以飨读者。

本书根据该行业读者的学习习惯和学习特点，采用全彩图解＋扫码看视频的全新教学模式，以实物和实际维修过程相结合的形式介绍电动自行车/代步车维修必备的基础知识、方法和技巧。本书对每章的重点知识进行了总结，读者只需用手机扫描书中相关知识点的二维码，即可在手机上实时浏览相应的教学视频。无论是初学者，还是有维修基础的读者，都可通过阅读本书掌握电动自行车/代步车的故障诊断及维修方法。书中以市场的主流车型为主要介绍对象，全面系统地讲解电动自行车/代步车的蓄电池、充电器、控制器、电动机四大件以及常见故障和维修方法，使读者形成一个清晰的诊断思路，从而快速地排除故障。

本书中提及的万用表如不做特殊说明，均为DT-9025A数字万用表，书中所测量的数据均为数字万用表所测。特别需要说明的是，理论数据与实际所测数据有差异，所以书中有"理论值"和"实测值"两种数据。另外，本书所举维修案例中涉及的厂家和车型均已超过三包期，并不反映厂家的产品质量，特此说明。

本书由电动自行车/代步车教学专业名师刘遂俊主编，绿盟电动车维修学校组织编写，相关的仪器和插图由绿盟电动车维修学校提供。另外，马利霞、刘伟杰、刘伟豪、丁少伟、刘武杰、刘豪杰、丁惠利等同志也参与了本书的编写，在此一并表示感谢。

本书在中央宣传部、农业农村部组织的2023"新时代乡村阅读季"活动中，入选2023"农民喜爱的百种图书"。

编　者

前言

第一章　电动自行车/代步车维修必备基础 ……………………………………… 1

第一节　电动自行车/代步车的正确使用方法 ……………………………… 1
一、行驶前检查 ………………………………………………………………… 1
二、行驶注意事项 ……………………………………………………………… 2
三、停车注意事项 ……………………………………………………………… 3
四、电动自行车、代步车正确充电方法 ……………………………………… 3

第二节　电动自行车、代步车定期检修与保养 …………………………… 5
一、定期检修范围 ……………………………………………………………… 5
二、电动自行车、代步车保养 ………………………………………………… 6
三、电动自行车、代步车使用注意事项 ……………………………………… 7

第三节　电动自行车、代步车的结构原理 ………………………………… 8
一、电动自行车的整体结构 …………………………………………………… 8
二、代步车的整体结构 ………………………………………………………… 9
三、电动自行车机械系统结构 ………………………………………………… 10
四、电动自行车电气系统结构 ………………………………………………… 10
五、电动自行车、代步车工作原理和控制关系 ……………………………… 10

第四节　电动自行车、代步车维修工具和仪器 …………………………… 11
一、电动自行车、代步车维修工具 …………………………………………… 11
二、电动自行车、代步车维修仪器 …………………………………………… 19

第二章　蓄电池故障及维修方法 ……………………………………………… 45

第一节　蓄电池的规格型号和连接方法 …………………………………… 45
一、蓄电池规格型号 …………………………………………………………… 45

二、蓄电池的连接方法 …… 46
第二节　蓄电池检测与使用保养 …… 47
　　一、蓄电池的检测方法 …… 47
　　二、蓄电池使用和保养 …… 50
第三节　蓄电池的常见故障 …… 51
　　一、蓄电池变形鼓包 …… 51
　　二、插上充电器就转绿灯，蓄电池充不进电 …… 53
　　三、蓄电池漏液 …… 55
　　四、蓄电池寿命短 …… 56
　　五、蓄电池充电时发热 …… 56
　　六、刚换新蓄电池的电动自行车也跑不远 …… 57
　　七、蓄电池自放电严重 …… 58
　　八、蓄电池容量"不均衡" …… 59
　　九、蓄电池内部断格 …… 60
　　十、蓄电池内部短路 …… 61
　　十一、蓄电池电解液发黑 …… 61
　　十二、蓄电池充电 10h 以上，仍不转绿灯 …… 62
　　十三、蓄电池极板硫化 …… 63
第四节　蓄电池修复技术 …… 65
　　一、修复前蓄电池的挑选 …… 65
　　二、不能修复的蓄电池 …… 66
　　三、蓄电池修复技术 …… 66
　　四、蓄电池修复注意事项 …… 69
　　五、蓄电池修复电流与时间换算 …… 70

第三章　充电器故障及维修方法 …… 71
第一节　充电器的规格型号和正确使用方法 …… 71
　　一、充电器分类 …… 71
　　二、充电器的常见规格型号 …… 71
　　三、充电器的替换 …… 72
　　四、充电器的正确使用方法 …… 74
第二节　充电器故障检测和维修方法 …… 76
　　一、充电器故障检测方法 …… 76
　　二、充电器故障排除方法 …… 78

目 录

第四章　控制器故障及维修方法······84

第一节　控制器外部接线方法和工作原理······84
一、控制器的作用······84
二、无刷控制器与外接部件的连接方法······84
三、无刷控制器电路工作原理······86
四、万能双模无刷控制器······88

第二节　无刷控制器常见故障检修方法······90
一、无刷控制器损坏没有输出的检修方法······90
二、无刷电动车飞车的检修方法······94
三、无刷控制器好坏快速判断方法······95
四、控制器烧坏，电动机卡死的检修······96

第五章　电动机故障及维修方法······97
一、无刷电动机的结构······97
二、无刷电动机与控制器的接线方法······99
三、无刷电动机的常见故障和维修方法······102

第六章　特殊部件的原理和维修方法······109

第一节　附属电子部件的原理和维修方法······109
一、转把的工作原理和维修方法······109
二、闸把的工作原理和维修方法······112
三、转换器接线与维修方法······114
四、仪表的作用和维修方法······116

第二节　代步车专用部件的原理和维修方法······118
一、脚踏调速器······118
二、3档调档开关······119
三、刮水器电动机······119
四、代步车用电动机与控制器······120
五、代步车用蓄电池和充电器······122

第三节　锂电电动车和锂电池······122
一、锂电电动车······122
二、锂电池······124
三、锂电池充电器······125

第七章　电动自行车/代步车维修方法和维修案例 …… **127**

第一节　电动自行车/代步车维修方法 …… **127**
一、维修常用的步骤 …… 127
二、故障维修方法 …… 128
三、维修技巧 …… 131
四、四大件故障的快速检测方法 …… 132

第二节　电动自行车故障维修案例 …… **137**
一、飞鸽电动自行车骑行中整车跳动 …… 137
二、台铃电动自行车行驶时车把左右晃动不灵活 …… 139
三、有内胎轮胎漏气维修方法 …… 140
四、真空轮胎漏气修补方法 …… 141
五、绿佳电动自行车骑行时有响声 …… 143
六、绿源电动自行车打开电源锁后，全车无电 …… 144
七、小刀电动车前大灯不亮 …… 146
八、大阳车转向灯不工作 …… 148
九、雅迪电动车仪表不亮 …… 149
十、爱玛车仪表盘指示灯亮，电动机不转 …… 150

第三节　代步车故障维修案例 …… **153**
一、御捷代步车电源锁打开后电动机高速运转 …… 153
二、金彭代步车打开电源锁后，电动机转速慢 …… 154
三、五羊代步三轮车电动机时转时停 …… 155
四、金彭代步三轮车充电一次行驶距离短 …… 157
五、比德文代步三轮车不能零起动，行驶后车速正常 …… 159
六、爱玛代步电动三轮车充电器插上后变绿灯，充不进电 …… 162
七、时风代步车打开电源锁就烧整车熔丝 …… 164
八、大阳四轮代步车更换蓄电池后，整车无电 …… 165

附　录 …… **167**
雅迪电动自行车结构分解图 …… 167
三轮车用直流无刷电动机控制器线路图 …… 168
爱玛电动车电动机与控制器接线图 …… 169
绿佳电动车电气原理图 …… 170
台铃电动车电气原理图 …… 171

第一章

电动自行车/代步车维修必备基础

第一节 电动自行车/代步车的正确使用方法

在电动自行车/代步车维修实践中,由于用户使用不当造成的故障占相当大的比例。很多用户没有阅读说明书的习惯,故障出现时才想起查看说明书。电动自行车/代步车是集电子、化学电源及机械部分为一体的机电一体化产品。正确使用和操作是延长电动自行车/代步车使用寿命和防止出现故障的行之有效的方法。所以,电动自行车/代步车必须正确使用和定期检修保养。

一、行驶前检查

1)先仔细阅读产品说明书,了解产品的各项性能和有关要求。在没有阅读说明书,不了解电动自行车/代步车的性能之前,不要使用电动自行车/代步车。

2)是否已掌握了骑车方法。因电动自行车/代步车车速较高,不要借给不会操纵电动自行车/代步车的人骑行。

3)自行安装的后车锁是否已经打开,在车轮锁死时起动电动机将会损坏电动机和电子器件。

4)检查轮胎气压是否合适,如气压不足,要及时补充,气压不足将影响行驶里程和速度。

5)检查各紧固件是否紧固正常、无松动。

6)检查鞍座高低是否合适,可根据用户的身高进行调整。

7)检查蓄电池是否已充满电,如蓄电池容量不够,必须充足后再使用,蓄电池容量不足不能使用。充电不足将影响行驶里程,更有损蓄电池寿命。

8)将充足电的蓄电池安装在蓄电池柜中并锁好。

9)检查车轮运转是否灵活,检查刹车系统是否灵活、可靠等。

10）打开车锁，架起后支架，拧开电源开关，转动右边调速转把，检查后轮电动机运转有无异响。

11）检查起动性能、刹车断电功能是否正常。

行驶前试转电动机，如图1-1所示。

图1-1　行驶前试转电动机

二、行驶注意事项

1）在车辆刚起动时，应缓慢加速，以免瞬间加速浪费电能或损伤电器元件。另外操作转把时，只能向内旋转，不能向外拉，以免将转把把手拉坏。

缓慢加速转把如图1-2所示。

图1-2　缓慢加速转把

2）在保证安全的前提下，行驶途中应尽量减少频繁刹车、起动，以节省电能。

3）行驶中应避免刹车后仍旋紧调速把的现象，以免电动机过载而损坏其他器件。

4）有些代步车的控制器设有过载保护功能，过载时将自动切断电源，待恢复正常时，电源自动接通。

代步车控制器过载保护器如图 1-3 所示。

图 1-3　代步车控制器过载保护器

三、停车注意事项

1）下车推行时应关闭电源开关，以防止在推行时无意转动调速把，导致车辆突然起动而发生意外。

2）应避免静止时用调速把频繁起动车辆，以避免缩短蓄电池、电动机及电器开关的使用寿命。

3）停车时应关闭电源，取下钥匙，代步车要拉上驻车刹车。

四、电动自行车、代步车正确充电方法

在结束骑行或蓄电池电量不足时应立即充电，充电的方法分为两种：一种是取下蓄电池充电；一种是直接在车上进行充电。

1. 取下蓄电池充电时

禁止在倒置蓄电池的情况下充电，否则会严重影响蓄电池的寿命。

将充电器平稳放好，先将充电器输出插头插入蓄电池盒的充电插座中，然后将充电器输入端插头插在家用电源插座中。

2. 直接在车上充电时

关闭电源，取下钥匙，拆下车上充电插头装饰件，放置好。先将充电器输出端插在蓄电池盒的充电插座中，然后将交流输入插头插入交流 220V 电源插座。

直接在车上充电如图1-4所示。

图1-4　直接在车上充电

3. 充电时间

当充电器的输入、输出端接通后，充电器的电源指示灯和充电指示灯将显示红色，表示电源已接通。

新购蓄电池充电时间为8~10h（视蓄电池使用情况而定），充电器绿色指示灯点亮，表示进入涓流充电，如不急用可再浮充1~2h。充电完毕后先拔掉交流电源上的插头，再拔掉与蓄电池连接的插头。

一般情况下充电时间不要超过10h，否则会影响蓄电池的使用寿命，甚至使蓄电池鼓包变形。

4. 充电注意事项

严禁在没有充满电的情况下就开始使用，否则会影响蓄电池的使用寿命。
请勿使用与蓄电池不匹配的充电器充电。
充电器应轻拿轻放，避免振动。充电器内含有高压电路，请勿擅自拆卸。
使用和存放时应防止液体和金属屑粒渗入充电器内部，谨防跌落及撞击，以免造成损伤。
充电器在充电时，切勿加盖任何物品，以利散热。
充电时周围的环境应通风、无明火，严禁擅自拆卸蓄电池盒。
在充电过程中若闻到异味或温度过高时，应立即拔下电源插头停止充电并送修理。
禁止在不充电的情况下，长时间将充电器空载连接在交流电源上。
充电器工作时，要放在儿童接触不到的地方，以免发生危险。

第二节　电动自行车、代步车定期检修与保养

电动自行车、代步车在使用三个月后，应该由专业维修人员对紧固件、刹车等进行一次调试；使用八个月后，应该对蓄电池、充电器进行一次保养和维护。除此之外，车主最好要定期对电动自行车进行检修，保证车辆的各个设备正常工作，这样不但能避免意外的发生，还能延长电动自行车、代步车的使用寿命。

一、定期检修范围

1）把横管、把立管、鞍座、鞍管和车轮的紧固件应旋紧。应注意把立管和鞍管的安全线。

2）检查润滑部位、润滑周期及润滑情况。

3）辐条松紧应适当，链条不得与车体发生碰擦。调整时，可调节后轮与中轴的距离，链条的张紧度控制在 10~15mm。

4）定期对刹车系统进行调整并对闸皮进行调换，注意雨、雪天骑行时应增加刹车距离。前闸皮应与轮毂受压面平行、高低一致。闸皮与轮毂的间隙应不大于 3mm；刹车松紧度以握闸把离手柄 10mm 时能刹车为宜。未刹车时，闸皮不得与车轮的任何部位发生接触，闸皮发生明显的磨损时，应及时进行更换，以免损伤车圈。

车闸调整如图 1-5 所示。

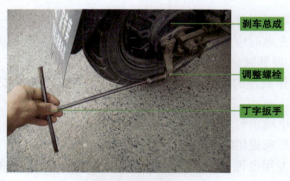

图 1-5　车闸调整

5）应对电动机、控制器、蓄电池定期进行检查保养。

6）正确、安全使用充电器。

7）定期检查、紧固前轮和后轮。

8）国家规定了电动自行车、代步车的最高时速，不要随意提高电动自行车、

代步车的车速。生产技术人员设计的刹车系统是根据这个最高时速确定的,骑车人的安全完全能够得到保障,但如果擅自提高车速,刹车系统就会有安全隐患,同时也会对电动自行车、代步车的电动机造成损伤。

二、电动自行车、代步车保养

1. 电动自行车、代步车的维护和保养

1)车辆出售前已调试到最佳状态,在使用中不要随意拆装电器及相关部件。骑行时如发现传动部件发出异响、通电不工作等异常情况,应请专业维修人员修理。

2)电动机正常使用中无须调整或保养,只需进行一些表面除尘等清洁工作即可。切勿随意在传动部件上添加润滑油。

2. 蓄电池的维护和保养

1)当仪表盘红色欠电压显示灯发光时,表明电量不足,应及时充电。及时充电可极大延长蓄电池使用寿命。每天对蓄电池进行一次完全充电,每次充电时间应为6~8h。让蓄电池随时保持满电状态,对其寿命有极大好处。如果骑行后不及时充电,将会极大影响蓄电池的使用寿命,严重时会造成蓄电池报废。

2)电动自行车、代步车起动时,应缓慢加速;在较大坡度路面上和逆风行驶时,应避免蓄电池大电流放电,以延长蓄电池和电动机的使用寿命,并可避免烧坏电器元件。

3)蓄电池长期不用时,应充足电存放,并做到每个月进行一次补充充电。

4)蓄电池在充电时应在空气流通的环境中进行。避免接近火源,充电时最好将蓄电池组取下,以利散热。

5)蓄电池工作最佳的环境温度为15~40℃。在此温度范围之外,将影响蓄电池的正常工作。

6)不能使蓄电池正负端短路,以免发生危险。

7)只能使用厂家提供的专用充电器进行充电。

8)蓄电池是专用电池,不要作为电动自行车、代步车以外的电源使用,以免造成蓄电池的损坏。

9)不能使用有机溶剂清洗蓄电池外壳。如发生意外火灾,不能使用二氧化碳灭火,而应使用四氯化碳之类的灭火器具。

10)蓄电池组若发生故障,应将其送交厂家维修处理或由专业机构妥善处理。不要随意丢弃以免造成环境污染。

11）环境温度高于40℃或低于-10℃时，蓄电池使用寿命会缩短。因此夏天高温时，蓄电池应避免太阳直射。在冬季低温时，蓄电池应在室内存放，并在室内进行充电。蓄电池充满电后，应再延长充电2h。

12）环境温度在-10℃时，蓄电池的电量只能放出60%。因此，冬季充满电一次行驶里程比夏季充满电一次行驶里程要减少很多，这是正常现象。

13）蓄电池是消耗品，它的寿命是有限的。蓄电池的寿命终止期应以充满电一次行驶里程只能达到国家规定（25km）的一半进行考核。即充满电一次行驶里程不足13km时蓄电池寿命终止，应对蓄电池进行修复或更换新蓄电池。

14）夏季里严禁长时间将电动车放在烈日下暴晒。

3. 控制器的维护及保养

控制器在电动自行车、代步车出厂时已调整至最佳状态。骑行时若出现电器故障或失控现象，非专业维修人员只可对线缆、接插件进行检查，若不能排除故障，应立即与专业维修点或厂家联系。

三、电动自行车、代步车使用注意事项

1）必须遵照电动自行车、代步车操作要求。

2）电动自行车设计标准载荷为75kg，当载荷超过90kg后，蓄电池和电动机将会受到损害。

3）蓄电池不能长时间搁置，搁置一个月至少充电一次。经骑行蓄电池放电后必须充足电存放，否则将会极大影响蓄电池使用寿命，严重者会造成蓄电池报废。

4）当电能用尽时，系统将自动断电。但在关断电源后，蓄电池会出现反跳的"虚"电压，这时必须充电后再用，否则会造成蓄电池过放电，这对蓄电池的损伤将是不可修复的。

5）电动自行车、代步车续行里程一般为40~50km。实际使用时续行里程会受诸多因素的影响，例如频繁刹车、起动、路面凹凸不平、气温过低、上陡坡、逆风行驶、轮胎充气不足、载重量过大。

6）注意车头仪表的显示。电源接通后，整车处于可电动骑行状态，红色电源指示灯发光，同时绿色、黄色电量指示灯发光，随着骑行耗电，当绿灯、黄灯熄灭时，说明蓄电池电量即将耗尽，此时应停止电动骑行，并尽快给蓄电池充电。

7）禁止在后轮和车闸上加润滑油。

8）骑行前必须做好各项准备工作以保证骑行安全。

①原地上下车，严禁滑行上下车，以确保使用者的安全。

②上车后方可打开电源锁开关，下车前必须先关断电源锁开关。

③在调整鞍座与车把高度时,注意不得露出鞍管和立管上的安全线。

④骑行时应缓慢加速。从 0~40km/h 加速时间不得小于 10s,以保持行驶平稳。

⑤尽量减少起动次数。电动自行车、代步车经济速度(最省电能行驶速度)一般为 20~25km/h。

⑥骑行时注意刹车距离一般为 4m,雨天刹车距离可能增加一倍。

9)轮胎气压要适当,过高会造成铝圈变形;过低会造成外胎破裂并"咬"内胎,使内胎漏气。

10)尽量防止电动机零起动,最好首先人力骑行起来再起动电动机,以免因零起动电流过大影响蓄电池、电动机等的使用寿命。

11)在雨天骑行应注意防止控制器内和电动机内进水,以免造成短路损坏。

12)爬坡、上桥、顶风行驶时蓄电池供电电流较大,这会影响电动机和蓄电池的使用寿命,此时最好人为辅助骑行。

第三节 电动自行车、代步车的结构原理

一、电动自行车的整体结构

电动自行车是以车载蓄电池作为主能源,具有脚踏骑行能力,能实现电助动或/和电驱动功能的两轮自行车。以动力电池为能源、依靠电动机拖动是电动自行车与普通自行车的本质区别。电动自行车外形如图 1-6 所示。

图 1-6 电动自行车外形

2019年4月15日电动自行车新国标GB 17761—2018《电动自行车安全技术规范》正式实施，这对电动自行车的生产、销售和使用进行了规范。根据规定，在4月15日之后，新生产、销售的电动自行车要满足以下几个条件：①有脚踏骑行能力；②车速不超过25km/h；③重量不能超过55kg；④电池电压不能超过48V。电动自行车新国标图解如图1-7所示。

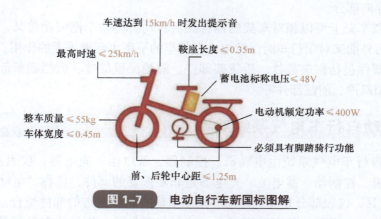

图1-7　电动自行车新国标图解

二、代步车的整体结构

代步车是在电动自行车的基础上增加了车篷、冷热风装置的三轮或四轮低速电动车。四轮代步车外形如图1-8所示。

图1-8　四轮代步车外形

三、电动自行车机械系统结构

电动自行车机械系统由车架部件和附属部件构成。

车架部件包括车架、前叉、车把等部分。

前叉部件的上端和车把、车架配合，下端和前轴、前轮部件配合，组成电动自行车的导向部分。

前叉在车架上可以相对车架的前管灵活转动。转动车把带动前叉，使前轮改变方向。另外前叉对于行车时保持电动自行车的平衡也起着重要的作用。

附属部件包括鞍座部件、后货架部件、前挡泥板部件、后挡泥板部件、支架部件、车锁部件、前筐部件等。

四、电动自行车电气系统结构

电动自行车电气系统由电动机、控制器、蓄电池、充电器、仪表系统组成，其中电动机、控制器、蓄电池、充电器是非常重要的部件，俗称"电动自行车四大件"。灯具、仪表部分是提供照明并指示电动自行车状态的部件组合。仪表一般提供蓄电池电压显示、整车速度显示、骑行状态显示、灯具状态显示等。智能型仪表还能显示整车各电气部件的故障情况。

电动自行车整体结构部件名称和具体部位如图 1-9 所示。

图 1-9　电动自行车整体结构部件名称和具体部位

五、电动自行车、代步车工作原理和控制关系

蓄电池作为整车的供电电源，给仪表和控制器供电。目前电动自行车、代步

车（以下简称"电动车"）主要采用铅酸蓄电池，锂离子蓄电池也已在一些轻便折叠电动车上开始使用了。

充电器是给蓄电池补充电能的装置，一般采用三阶段充电模式充电开始时，先恒流充电，迅速给蓄电池补充能量；等蓄电池电压上升以后，转为恒压充电，此时蓄电池能量缓慢补充，蓄电池电压继续上升；达到充电器的充电终止电压值时，转为涓流充电，以保养蓄电池和提供蓄电池的自放电电流。

控制器是用来控制电动车电动机的起动、运行、进退、速度、停止以及电动车其他电子器件的核心控制器件，它就像是电动车的"大脑"，是电动车上重要的部件。

电动机的作用是驱动电动车车轮旋转。目前大多采用无刷直流电动机。

转把、闸把、助力传感器等是控制器的信号输入部件。转把信号是电动车的速度控制信号。闸把信号是当电动车刹车时，闸把内部电子电路输出给控制器的一个电信号；控制器接收到这个信号后，就会切断对电动机的供电，从而实现刹车断电功能。助力传感器是当电动车处于助力状态时检测骑行脚蹬力矩或脚蹬速度信号的装置。控制器根据助力传感器信号的大小，分配给电动机不同的电驱动功率，以达到人力与电力自动匹配、共同驱动电动车车轮旋转的目的。

电动自行车、代步车工作原理和控制关系如图 1-10 所示。

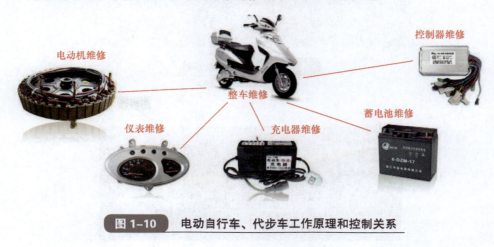

图 1-10　电动自行车、代步车工作原理和控制关系

第四节　电动自行车、代步车维修工具和仪器

一、电动自行车、代步车维修工具

电动自行车、代步车维修工具如下。

1. 电烙铁和吸锡器

1）新电烙铁在使用前必须先对烙铁头进行加热上锡处理后才能正常使用。

2）烙铁头有直头和平头两种,当采用握笔法时,直烙铁头的电烙铁使用起来比较灵活。

3）电烙铁不易长时间通电而不使用,因为这样容易使电烙铁芯加速氧化而烧断,还易造成事故。

电烙铁如图 1-11 所示。吸锡器如图 1-12 所示。

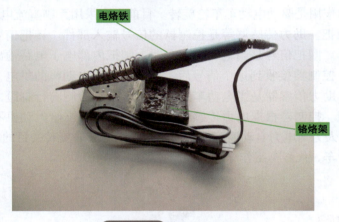

图 1-11　75W 电烙铁

图 1-12　吸锡器

2. 电动螺丝刀

1）使用时根据不同螺钉头部选用不同的螺丝刀头。

2）使用螺丝刀紧固和拆卸带电的螺钉时,手不得触及螺丝刀的金属杆,以免发生触电事故。

3）螺丝刀在使用时应该使头部顶牢螺钉槽口，防止打滑而损坏槽口。同时注意，不要用小螺丝刀去拧大螺栓。

4）发现电量不足时，及时更换蓄电池并进行充电。

电动螺丝刀如图 1-13 所示。

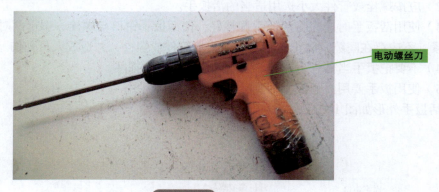

图 1-13　电动螺丝刀

3. 虎钳

1）在使用虎钳时，注意不要碰伤、损伤或烧伤绝缘手柄，并且应注意防潮。

2）严禁将虎钳作为敲击工具来使用。

3）虎钳钳轴应经常涂润滑油，以防生锈。

4）在使用虎钳之前，必须先检查绝缘手柄的绝缘层是否完好，如果损坏，带电作业时可能会发生触电事故。

5）使用虎钳剪切带电导线时，千万不能用刀口同时剪切正极和负极引线，否则容易发生短路故障。

虎钳外形如图 1-14 所示。

图 1-14　虎钳外形

4. 活扳手

1）活扳手又称可调扳手，适用于尺寸不规则的螺栓、螺母，它能在一定范围内任意调节开口尺寸。一个可调扳手可用来代替多个呆扳手。

2）应按螺栓或管件大小选用适当的活扳手。

3）使用活扳手时应先将活扳手调整好，使活扳手钳口与螺栓、螺母两对边完全贴紧，不应存在间隙，防止打滑，以免损坏管件或螺栓，并造成人员受伤。

4）不要把扳手当榔头、锤子、撬棍等使用，以防损坏。

5）使用扳手要用力顺扳，不要反扳，以免损坏扳手。

活扳手外形如图 1-15 所示。

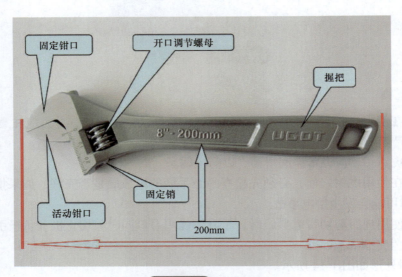

图 1-15　活扳手

5. 套筒扳手

1）套筒扳手又称丁字扳手，使用时应佩戴手套。

2）所选用的扳手的开口尺寸必须与螺栓或螺母的尺寸相符合，扳手开口过大易滑脱伤手，并损伤螺件的六角。

3）要注意随时清除套筒内的尘垢和油污，扳手钳口上或螺轮上不准粘有油脂，以防滑脱。

套筒扳手外形如图 1-16 所示。

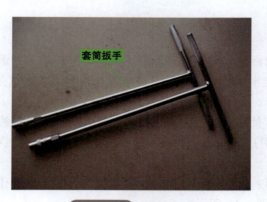

图 1-16　套筒扳手

6. 电动扳手

1）使用时根据螺母大小选择匹配的套筒，并妥善安装。

2）先调节合适的力矩，再紧固螺栓。

3）电动扳手大多采用锂电池，锂电池没有记忆效应，可以随用随充。不要等电完全用光了才充电，这样容易造成过度放电而损伤电池。

电动扳手外形如图 1-17 所示。

7. 电动气泵

1）使用电动气泵时要注意防水，这是电器产品共有的特性，就是不能进水。

2）随时注意胎压，不可充气太足，当达到正常胎压后应停止充气，否则易充爆轮胎。

3）充气泵需要避免潮湿、重摔及泥沙进入，避免小孩玩耍，以免受到损害。

电动气泵外形如图 1-18 所示。

图 1-17　电动扳手

图 1-18　电动气泵

8. 电焊机

1）电焊机应由经培训考核合格的焊工操作，并按规定穿戴绝缘防护用品。

2）电焊钳要能牢固地夹紧焊条，与电缆线连接可靠，这是保证焊钳不异常发热的关键。

3）焊接电缆应使用多股细铜线无接头电缆，与电焊机接线柱连接压实。

4）电焊机使用过程中不允许超载，否则将会因过热而烧毁电焊机或造成火灾。

5）在设备上进行焊接前，应先把设备接地后再进行焊接作业。

电焊机外形如图 1-19 所示。

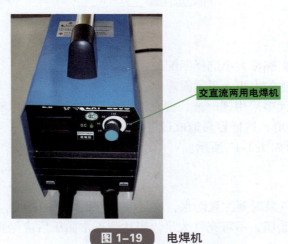

图 1-19　电焊机

9. 铁锤

1）铁锤使用前确保锤柄安装牢固，切记不要使用松动或锤柄损坏了的锤子，以免锤头脱落造成事故。

2）使用尺寸和质量合适的锤子进行作业。

3）锤击时锤面应平行于面板，避免用力不匀或用锤角敲打。

4）在敲打錾子等工具时，锤面应大于这些工具的头部。

5）锤把保持干净，不应粘有油污或砂粒，防止滑落。

10. 内六角扳手

内六角扳手制作成本低，操作简单，与内六角螺钉有六个接触面，受力充分且不容易损坏。扳手的两端都可以使用，可以用来拧深孔中螺钉。内六角扳手的六角头直径和扳手柄长度决定了它的扭转力矩，可以用来拧非常小的螺钉，非常实用。

在使用内六角扳手时，应按螺钉类型选用合适的扳手，间隙不能过大，否则会损坏螺钉头或螺母，并且容易滑脱造成伤害事故。

内六角扳手外形如图1-20所示。

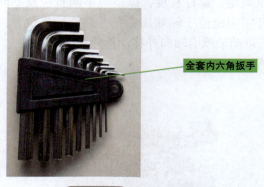

图1-20　内六角扳手

11. 手电钻

1）使用前检查电源电压与电钻额定电压是否相符。

2）检查电钻的保护接零是否良好。

3）移动电钻时，不能拖着橡胶软线，以免将导线拉断或割破绝缘层造成触电危险。

4）钻孔时用力不应过大，以免造成过载而烧毁电钻绕组。特别是在钻孔即将钻通时，推压用力更应适当减小。

5）使用时应注意温升不可过高。

交流220V手电钻外形如图1-21所示。

图1-21　交流220V手电钻

12. 拔卸器

拔卸器是机械维修中经常使用的工具，主要用来将损坏的轴承从轴上沿轴向拆卸下来。拔卸器主要由旋柄、螺旋杆和拉爪构成，有两爪、三爪之分，主要尺寸为拉爪长度、拉爪间距、螺杆长度，以适应不同直径及不同轴向安装深度的轴承。使用时，将螺杆顶尖定位于轴端顶尖孔，调整拉爪位置，使拉爪钩在轴承外径，旋转旋柄使拉爪带动轴承沿轴向外移动拆除。

拔卸器外形如图 1-22 所示。

图 1-22　拔卸器

13. 千斤顶

1）使用前应检查各部分是否完好。检查油压式千斤顶的安全栓有无损坏，螺旋式千斤顶的螺纹是否正常。

2）千斤顶应放置在平整、坚实处，并用垫木垫平。千斤顶必须与荷重面垂直，其顶部与重物的接触面应牢固。

3）严禁超载使用，不得加长手柄或超过规定人数操作。

4）在顶升过程中，应随着重物的上升在重物下加设保险垫层，到达顶升高度后应及时将重物垫牢。

千斤顶外形如图 1-23 所示。

14. 半轴专用工具

半轴专用工具如图 1-24 所示。

15. 扒胎工具

扒胎工具如图 1-25 所示。

图 1-23　千斤顶

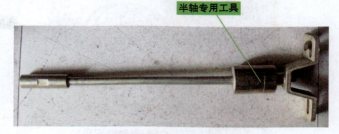

图 1-24　半轴专用工具

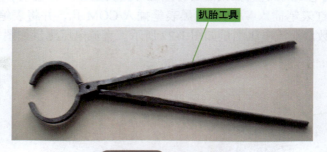

图 1-25　扒胎工具

二、电动自行车、代步车维修仪器

（一）数字万用表使用技巧

数字万用表灵敏度高，准确度高，显示清晰，过载能力强，便于携带，使用更简单。数字万用表在万用表的下方有一个量程开关,开关所指的是测量的档位。数字万用表的档位主要有以下几种:"V~"表示测量交流电压的档位;"V⎓"表示测量直流电压的档位;"A~"表示测量交流电流的档位;"A⎓"表示测量直流电流的档位;"Ω(R)"表示测量电阻的档位;"HFE"表示测量晶体管的档位。

现以 DT9205A 型数字万用表为例介绍其使用技巧和注意事项。DT9205A 型数字万用表外形如图 1-26 所示。

图 1-26　DT9205A 型数字万用表

1)交直流电压的测量:根据需要将量程开关拨至 DCV(直流)或 ACV(交流)的合适量程,红表笔插入 V/Ω 孔,黑表笔插入 COM 孔,并将表笔与被测线路并联,即显示读数。交流电压测量如图 1-27 所示。直流电压测量如图 1-28 所示。

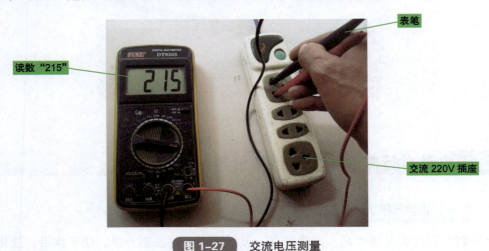

图 1-27　交流电压测量

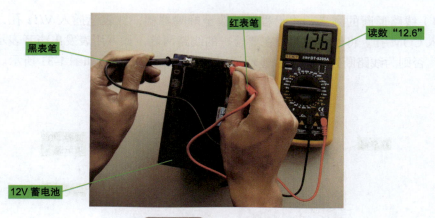

图 1-28　直流电压测量

2）交直流电流的测量：将量程开关拨至 DCA（直流）或 ACA（交流）的 20A 量程，红表笔插入 20A 孔，黑表笔插入 COM 孔，并将万用表串联在被测电路中即可。测量直流电时，数字万用表能自动显示极性。直流电流测量如图 1-29 所示。

3）电阻的测量：将量程开关拨至 Ω 的合适量程，红表笔插入 V/Ω 孔，黑表笔插入

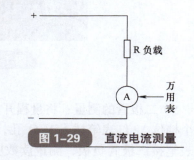

图 1-29　直流电流测量

COM 孔。如果被测电阻值超出所选量程的最大值，万用表将显示"1"（表示无穷大），这时应选择更高的量程。测量电阻时，红表笔为正极，黑表笔为负极，这与指针式万用表正好相反。因此，测量晶体管、电解电容器等有极性的元器件时，必须注意表笔的极性。电阻的测量如图 1-30 所示。

图 1-30　电阻的测量

4）线路通断的测量：将量程开关拨至蜂鸣器档，红表笔插入 V/Ω 孔，黑表笔插入 COM 孔。将红黑表笔放在要检查的线路两端，如万用表发出声音表示连线相通，否则为线路断路（万用表显示"1"）。导线通断的测量如图 1-31 所示。

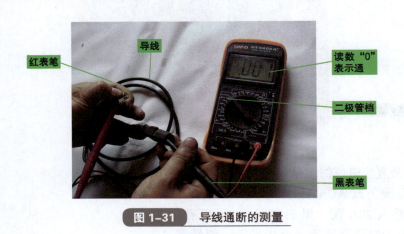

图 1-31　导线通断的测量

5）二极管的测量：将量程开关拨至二极管档（万用表二极管档与蜂鸣器档为一个档位），红表笔插入 V/Ω 孔，黑表笔插入 COM 孔。将红表笔接二极管正极，黑表笔接二极管负极，测量读数应在"516mV 左右"（型号不同，读数也不同）；若把红表笔接负极，黑表笔接正极，表的读数应为"1"（表示断路）。若正反测量都不符合要求，则说明二极管已损坏。二极管测量如图 1-32 所示。

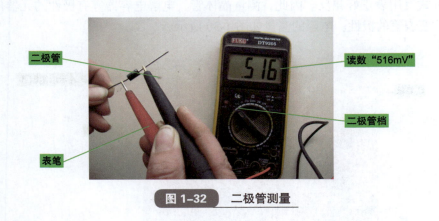

图 1-32　二极管测量

6）使用注意事项。

① 首先注意检查蓄电池，将数字万用表的 ON/OFF 钮按下，如果蓄电池电量

不足，则显示屏左上方会出现蓄电池正负极符号"－＋"，表示需更换表内9V电池。

还要注意测试表插孔旁边的符号，这是警告你要留意测试电压和电流不要超出指示数字。此外，在使用前要先将量程设置在你想测量的档位上。

② 数字万用表为精密电子仪表，内部电路及所使用的电源种类，均不可随便改动，否则将会造成永久性损坏。

③ 如果无法预先估计被测电压或电流的大小，则应先拨至最高量程档测量一次，再视情况逐渐把量程减小到合适位置。测量完毕，应将量程开关拨到最高电压档，并关闭电源。

满量程时，仪表仅在最高位显示数字"1"，其他位均消失，这时应选择更高的量程。

测量电压时，应将数字万用表与被测电路并联。测量电流时，应与被测电路串联，测量电流时不必考虑正、负极性。

"COM"与"VΩ"或"VΩHz"插孔之间，输入电压不得大于DC1000V或AC750V（有效值）。

④ 当误用交流电压档去测量直流电压，或者误用直流电压档去测量交流电压时，显示屏将显示"000"，或低位上的数字出现跳动。

⑤ 更换电池和熔丝需在切断电源及终止所有测量工作后进行。

更换电池方法：使用十字螺钉旋具，旋出仪表背面后盖或电池门的螺钉，取下后盖或电池门，取出9V电池，即可更换。

更换熔丝方法：打开仪表后盖，熔丝位于仪表内线路板下方，取出用相同规格的熔丝更换。

⑥ 在测量的过程中，绝对禁止旋转量程开关，以避免机内打火，损坏仪表。

⑦ 切记测量前应先转换量程，不可用电阻档测量电压，否则会造成万用表内电路损坏；不可用电流档测量电压，否则会造成万用表内电路损坏。

⑧ 测量电压时不可将手触及金属带电部分，如表笔的测试端点。

⑨ 使用完万用表后，应关闭电源。如果长时间不使用万用表，应将表内9V电池取出。

（二）蓄电池测试表使用技巧

（1）概述

蓄电池测试表是一种便携式检测蓄电池的仪表，可以测量各种规格的汽车蓄电池和其他用途铅酸蓄电池的容量状态。它在表盘上直接指示"充足""正常""重充""放完"等，可以快速直观地对蓄电池做出质量判断。

蓄电池测试表外形如图1-33所示。

图 1-33　蓄电池测试表外形

（2）结构特点

蓄电池测试表由直流电压表、负载电阻、外壳和测试夹、触头等组成，表盘标有各种蓄电池的容量状态指示，以白、绿、黄、红四种区域颜色分别表示"充足""正常""重充""放完"。仪表正面附有各种汽车发动机所需蓄电池规格的对照牌，供用户参考。仪表表盘如图 1-34 所示。

图 1-34　仪表表盘

（3）技术参数

被测蓄电池额定电压：2V、6V、12V。

被测蓄电池额定容量：2~150A·h。

外形尺寸：210mm×124mm×68mm。

重量：约 0.82kg。

（4）使用方法

① 使用前应先检查仪表指针是否指在表盘左端的零位上，如不指在零位可旋转表盖中部的调零器，将指针调在零位。

② 蓄电池测试：

将仪器的测试夹接在蓄电池负极，红色表笔接蓄电池正极，测试 2V 单格蓄电池时读视左端 0~2.5 刻度，数字表示电压（单位 V）。

测试 6V 蓄电池时按不同的容量读视 6V 箭头所指的六条刻度（刻度旁数字是蓄电池的容量范围，如 120A·h 等）。测试 12V 蓄电池则按不同的容量读视 12V 箭头所指的五条刻度。

当所测蓄电池的额定容量和仪表表盘上所列有出入时，可选读相近的刻度。如测试 150A·h 蓄电池时，读视 120（6V）或 100~120（12V）刻度。

蓄电池测试如图 1-35 所示。

图 1-35　蓄电池测试

（5）使用注意事项

① 每次测试时间不得超过 3s。

② 蓄电池电解液不足时不能测试。

③ 测试表左下端的锥形触头与测试夹同为负极，测试时也可用该触头测量。

（三）无刷电动车综合检测仪使用技巧

无刷电动车综合检测仪外形如图 1-36 所示。

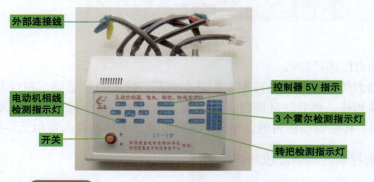

图 1-36　"绿盟"牌 LY-2 型无刷电动车综合检测仪外形

1. 概述

① 外形尺寸：15cm×9.5cm×7.5cm。

② 综合检测仪采用微电脑控制芯片，能够进行转把、助力传感器、无刷控制器、电动机线圈、电机霍尔测试，是维修电动车的必备工具。

2. 转把、助力传感器的检测和故障识别的操作技巧

（1）转把检测

连接被测转把时先不要打开红色按钮开关。将被测转把上的三根线与仪器上的"测转把"连接，连接前一定要确认连接正确，即红色接红色，黑色接黑色，绿色接其他一根，然后打开仪器红色开关按钮，缓缓转动转把，如果看到面板上"测转把"灯从不亮渐渐变至最亮，则这是一个正转，并且完好。如果灯从亮到不亮则为反转，并且完好。

如果检测时，发现"测转把"灯一直亮，说明转把内霍尔元件击穿，若微亮，则说明转把内霍尔元件截止不彻底，不能使用。若调节转把时"测转把"灯一直没有变化，则说明转把内部磁铁脱落或者霍尔元件损坏。

转把检测如图1-37所示。

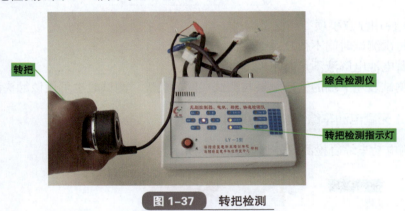

图1-37　转把检测

（2）助力传感器检测

检测助力传感器与检测转把方法基本相同。将助力传感器三根线与面板的测转把三根线相连，然后转动脚蹬，会发现"测转把"灯不停闪烁，若不亮或一直亮则说明助力传感器与塑料磁盘距离不正确或者助力传感器内霍尔元件损坏。

3. 无刷控制器检测及故障识别的操作技巧

（1）连接控制器

① 将检测仪中的"控制转把线"与控制器转把线连接。

②将"控制器霍尔线"与控制器霍尔线对接。

③将"电动机控制器公用相线"与控制器三根相线连接。

④将"控制器电源"与控制器供电电源连接（正负极不能接错）。

⑤将充电器插孔插到"充电器插座"（应选用与被测控制器电压相符的电动车充电器）。

（2）控制器检测

① 确认控制器与检测仪连接正确后接通充电器电源，此时查看面板中"控制5V"灯是否点亮，如果不亮可断定控制器没有 5V 输出，则控制器损坏。如果"控制5V"灯有规律地闪烁，则可以断定控制器 5V 输出正常，可进行下一步的操作。

② 调节仪器面板控制器转把调节旋钮，顺时针慢慢旋转，此时观察检测仪面板左侧 HA、黄、HB、绿、HC、蓝这六个灯（HA、黄为一组，HB、绿为一组，HC、蓝为一组）是否交替闪亮，如果灯都不亮，说明控制器已经损坏。如果一组灯不亮，则说明控制器上与灯对应的相线没有输出（仪器引出线与面板所标颜色相对应），需要检修控制器对应部分（一般为 MOS 管损坏）；如果三组灯交替闪烁，则看其亮度是否随面板调节旋钮转动而有所变化（由不亮到亮，亮暗区分），若有变化则正常，若无变化则为控制器控制部分失控。

4. 检测无刷电动机的故障及自动识别相位角、相位的操作技巧

（1）电动机绕组检测

用检测仪的"电动机控制器公用相线"的三只夹子分别连接电动机引出的三根相线（通常电动机引出线为蓝、绿、黄粗线，无需考虑颜色和顺序，可以随意连接），然后顺时针转动电动机（沿电动车正常的前进方向转动），可以看到检测仪上第一排三个指示灯（LED）点亮且闪烁，这样即为正常；如果有一个或两个、三个不亮、即为有故障，其中哪个指示灯不亮，说明这一组绕组有故障或者接触不良。

（2）电动机霍尔检测

用检测仪的六芯插头连接好电动机的六芯插件（电动机的五根细线，颜色为红、黑、蓝、绿、黄，除了红、黑必须正确连接以外，其他可以随意连接，然后缓缓顺时针转动电动机（沿电动车正常的前进方向），可以看到检测仪的第二排三个指示灯（LED）交替发光，说明电动机霍尔正常；如果有一个、两个或三个指示灯一直不亮或者一直亮，说明这一组霍尔有故障或者接触不良。电动机霍尔检测如图 1-38 所示。

（3）电动机相位检测

用检测仪的六芯插头连接好电动机的六芯插件（电动机的五根细线，颜色为红、黑、蓝、绿、黄），除了红、黑必须正确连接外，其他引线可以随意连接，然

后观察仪器上的 60° 指示灯，灯亮为 60° 电动机，灯不亮为 120° 电动机（不需转动电动机）。

图 1-38　电动机霍尔检测

(4) 电动机相序检测

① 60° 电动机。用检测仪的六芯插头连接好电动机的六芯插件（电动机的五根细线，颜色为红、黑、蓝、绿、黄），除了红、黑必须正确连接以外其他可以随意连接，然后缓缓顺时针转动电动机（沿电动车正常的前进方向转动），可以看到检测仪的第二排三个指示灯（LED）交替发光，从左到右 Ha、Hb、Hc 三个指示灯状态变化为 100—110—111—011—001—000 六个状态循环。如果状态变化顺序相反，则随意调换黄、绿、蓝中的任意两根引线（此时如果缓缓顺时针转动电动机，可以发现从左到右 Ha、Hb、Hc 三个指示灯状态变化为正确状态，顺序为 100—110—111—011—001—000 六个状态循环）。此时记住检测仪蓝、绿、黄三根细线的正确顺序状态对应电动机三根细线的颜色顺序，此颜色顺序即为霍尔 Ha、Hb、Hc 的相序。

② 120° 电动机。用检测仪的六芯插头连接好电动机的六芯插件（电动机的五根细线，颜色为红、黑、蓝、绿、黄），除了红、黑必须正确连接以外其他可以随意连接，然后缓缓顺时针转动电动机（沿电动车正常的前进方向），可以看到检测仪的第二排三个指示灯（LED）交替发光，从左到右 Ha、Hb、Hc 三个指示灯状态变化为 100—110—111—011—001—000 六个状态循环。如果三个指示灯状态变化顺序相反，则随意调换蓝、绿、黄中任意两根引线（此时如果缓缓顺时针转动电动机，可以发现从左到右 Ha、Hb、Hc 三个指示灯状态变化为正确状态，顺序为 100—110—010—011—001—101 六个状态循环）。此时记住检测仪黄、绿、蓝三根细线的正确顺序状态对应电动机三根细线的颜色顺序，此颜色顺序即为霍尔 Ha、Hb、Hc 的相序。

（5）绕组相序检测

通过以上检测，已经知道了霍尔 Ha、Hb、Hc 相序颜色顺序，由于电动机绕组相序一般与霍尔相序颜色顺序一致，因此可以确定绝大多数厂家的电动机绕组相序。有的电动机厂家的电动机绕组相序和霍尔相序颜色顺序不一致（有的相反，有的完全没有规律），此时只要将被测电动机与标准控制器相连接，再通过最多六次的不同接法（改变绕组）来判断电动机绕组顺序（正确时电动机运转平稳，无噪声，空载电流较小，一般不超过 1A），就可得出绕组相序。这样所有厂家的电动机绕组相序和霍尔相序颜色顺序就可以确定了。

5. 仪器使用注意事项

1）使用时，不要用力拉拔检测仪的插头线。
2）不要放置在高温的地方。
3）尽量不要让检测仪导线接触油腻等腐蚀性物品。
4）无辨识能力的人和儿童禁止操作仪器。
5）仪器不用时应关闭仪器上的开关，使用时打开开关（测量电动机绕组时无需打开开关，只有在测量电动机霍尔和电动机相位时才需要打开开关）。

（四）电动车四大件检测仪使用技巧

1. 产品介绍

电动车四大件检测仪是集检测充电器、控制器、电机、蓄电池合四为一的检测仪器，可全面检测引起电动车里程不足的各种因素。检测仪功能齐全、性能优越、操作简单、携带方便，可在很大程度上提高电动车经销商的售后服务质量。LY-3 型电动车四大件检测仪外形如图 1-39 所示。

图 1-39 "绿盟"牌 LY-3 型电动车四大件检测仪外形

2. 技术参数

显示电源：DC5V±1V。

采样速率：5 次 /s。

显示数码管：0.56in（1in=0.0254m）。

零点显示：自稳定。

超限显示：EEE 或 -EEE。

3. 使用方法

LY-3 型电动车四大件检测仪面板如图 1-40 所示。

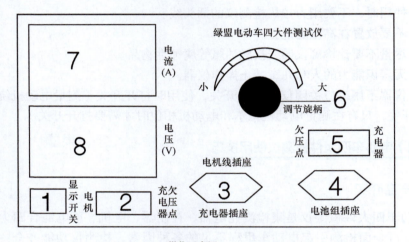

图 1-40　LY-3 型电动车四大件检测仪面板

4. 充电器性能检测

1）开启显示开关 1，调节 6 至最小位置。

2）将充电器接上交流 220V 电压，输出插头接入 3,8 显示充电器静态电压（触发式充电器不显示电压），2、5 均切换至充电器档位，7 显示充电电流，8 显示充电电压。

3）触发式充电器检测充电器最大电流。4 接入极性一致的蓄电池组（电池不欠充），2 切换在电动机档位，7 显示充电器最大充电电流值。触发式充电器 2 切换到充电器档位，7 显示充电电流。

4）调节 6 就能测定该充电器是否转绿灯及转绿灯前后充电器的电流、电压参数。

5. 检测控制器欠电压保护点

1）支起电动车支架，关闭电动车电源开关。

2）将蓄电池组与控制器电源输入插头分离，开启显示开关1。

3）蓄电池组接入4，控制器电源输入插头接入3，2、5均切换至欠电压点档位，8显示蓄电池组电压，7显示零。

4）接通电动车电源开关，7显示的电流值即为电动车开锁电流。

5）调节6至最大后，慢慢转动电动车转把，7显示的电流值逐渐上升，8显示的电压值逐渐下降，直至电动车控制器断电。如果由于蓄电池电量充足而使控制器不断电，此时从大到小调节6直至控制器断电，8显示的电压即为该控制器欠电压保护点。

6. 检测电动机电流

1）支起电动车支架，关闭电动车电源开关。

2）将蓄电池组与控制器电源输入插头分离。开启显示开关1。

3）蓄电池组接入4，控制器电源输入插头接入3，2切换至电动机档位，8显示蓄电池组电压值，7显示零。

4）接通电动车电源开关，7显示的电流值即为电动车开锁电流。

5）转动电动车转把至转速最大，7显示的电流值即为电动机空转电流。

6）放下支架，电动车负载起动，7显示的电流值即为电动机起动电流。

7）无坡度，电动车保持行驶速度最大，7显示的电流即为电动机骑行电流。

8）电动车加重负载（或顶墙）至控制器断电保护，7显示的电流值即为控制器限电流保护点。

7. 检测蓄电池

1）开启显示开关1。

2）2切换至电动机档位，充满电的蓄电池组接入4，放电电阻（或电热丝）接入3，8显示电压值，7显示放电电流。

3）根据需要调节放电电阻确定放电电流值，放电过程保持放电电流值，蓄电池的放电时间可确定蓄电池容量。

（五）双路电动车快速充电站使用技巧

下面以"绿盟"牌LM-2双路投币式电动车快速充电站为例说明其使用方法，该仪器外形如图1-41所示。

图 1-41　LM-2 双路投币式电动车快速充电站

1. 产品概述

1）投币式电动车快速充电站是一款具有液晶显示、充电过程全程语音提示,以及 LED 显示模块的快速充电设备。该设备适用于电动自行车、电动三轮车、电动汽车铅酸蓄电池快速充电,可同时对 2 辆电动车进行快速充电。投币一元充电时间 10min,可骑行 15~20min,耗电 0.1kW·h,能快速有效解决电动车中途没电推行的困扰。

2）该充电站无需专人值守,是适合商场、报亭、小区、电动车维修部、蓄电池维修部的便民服务设施。

2. 性能特点

1）设备采用单片机智能控制设计,使用简单,到时报警、自停。
2）电路采用自动极性转化,无需担心电池极性问题。
3）自动电压识别,并根据蓄电池电压自动调整充电参数,保证蓄电池寿命和安全。
4）充电时间倒计时显示。
5）采用国际先进的脉冲充电技术（马斯充电曲线）,充电 + 修复 + 维护。
6）内置风扇,帮助散热,提高设备的稳定性。
7）充电过程全程语音提示,结束提示,完全智能化。
8）充电时间、电压、电流显示功能,使用方便。
9）总投币计数保存,方便管理。

10）机箱采用汽车喷漆涂层，机箱边槽防水设计。

3. 技术参数

1）外形尺寸：50cm×32cm×10cm，重12kg。
2）充电路数：2路。
3）输入交流电压：220V±20V。
4）交流熔丝15A。
5）蓄电池充电电压：80V/72V/60V/48V/36V自动识别。
6）单路最大输出电流：10A。
7）空载功率：8W，最大功率：1000W。
8）设有保险装置，具有过载保护功能。
9）安装使用方便，具备220V交流电源即可安装。
10）具有识别真假币，防钓币，防伪币功能。
11）一次最多投币10枚，如果需再次充电，需等本次充电结束后，方可再次投币。

4. 蓄电池充电电压参数

45V（36V电动车）。
60V（48V电动车）。
75V（60V电动车）。
85V（72V电动车）。

5. 使用方法

1）使用前应仔细阅读说明书，了解机器的各项功能、参数。
2）插上220V交流电源，打开电源开关，投币器上方显示屏显示"00.00"。
3）将充电线插入电动车充电插头，显示屏上方显示电池电压，下方显示充电时间，语音提示："请投币。"
4）从投币口投入一元硬币，语音提示："现在正在充电，请稍候。"充电站开始工作，此时时间显示屏倒计时。
5）等时间归零后，机器自动断开充电电源，充电结束，语音提示："充电已完成，请断开连接线"，即可拔下电池连线。
6）本机一次最多可投10个硬币，如需再次充电，需等本次充电时间结束后，方可再次投币。
7）显示屏下面有个黑色按键，按一次显示充电电流，再按一次显示总投币数，再按一次回到初始状态。

6. 注意事项

1）充电站不连接蓄电池时，输出端子无电压。

2）单路每次充电完毕后，必须等电压表归零，再进行第二次充电，以免造成仪器损坏。如果充电中途中断充电，应关闭总电源开关，然后再打开，才能进行下次充电。

3）充电站只能用于应急补充充电，不能作为日常充电使用。

4）外接电源插座时，应选用 2.5mm² 以上电源线。

5）当电动车蓄电池组有故障或蓄电池损坏时，充电站将不能正常工作。

6）充电站充电插头是易损件，不在保修范围内。如插头损坏，用户需自行购买。由于国家对电动车充电插头没有制定统一标准，造成充电插头大小不一致，充电插头可能会出现接触不良或插不紧等情况，充电时应注意，如出现损坏应及时更换新插头。

7）由于充电站脉冲电流较大，机箱内的继电器是易损件，如有损坏应更换同型号继电器。继电器的型号为 JQX-13F，线圈电压为 DC12V，8 个引脚。

8）为保证安全，使用前应接好地线。

9）严禁雨淋，禁示在过度潮湿的环境中使用，设备上方或周围禁止放置有液体的器皿。

（六）蓄电池容量检测放电仪

"绿盟"牌 LY-5 蓄电池容量检测放电仪外形如图 1-42 所示。

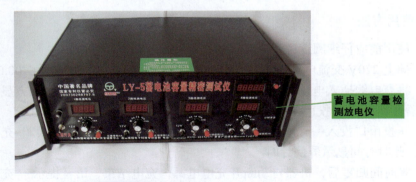

图 1-42　LY-5 蓄电池容量检测放电仪外形

1. 产品概述

该仪器采用精密电子电路，可同时对四个 12V 蓄电池进行 5A/7A/8.5A/10A 恒流放电检测，精确度高，安全可靠，使用方便。例如，对新出厂12V/10A蓄电池进行5A检测，正常可放电120min，可以此对比判断蓄电池容量。

2. 技术参数

输入电压：AC220V、50Hz。
检测蓄电池电压：12V。
检测蓄电池容量：10～24A·h。
放电电流设定：5A、7A、8.5A、10A。
电压显示：00.00～99.99V。
电压显示精度：±0.1V。
放电截止电压：10.5（±0.1）V。
外形尺寸：570mm×400mm×200mm。
机箱交流熔丝：220V/3A。

3. 使用说明

1）插上220V交流电源，打开电源开关。红色"电源指示灯"点亮，这时四路数字电压表同时点亮，分别显示："00.00"。

2）将仪器附件中所带的输出连接线一端同仪器输出端子接好，红线（正极）接仪器上红色端子，蓝（黑）线（负极）接仪器上黑色端子（注意正负极不可接反）。另一端同需要检测的单个12V蓄电池连接好，红线接蓄电池的正极，蓝（黑）线接蓄电池的负极。

注意：所检测蓄电池电压必须与机器额定电压一样，并且机器连线与电池的正负极接线正确，否则，蓄电池容量检测放电仪无法正常工作且可能导致电路损坏。

3）转动放电调节开关，选择放电电流值。12V/10～12A·h蓄电池选5A放电；12V/14A·h蓄电池选7A放电；12V/17A·h蓄电池选8.5A放电；12V/20A·h蓄电池选10A放电。

4）蓄电池放电截止电压为10.5V±0.1V，当被检测的蓄电池电压下降到10.5V时，微电脑报警器发出报警，记录放电时间后，蓄电池检测即可终止（如用户关闭报警开关仍可继续放电）。

5）放电完毕后，务必先转动放电调节开关到"关"停止放电，再拔下蓄电池一端连线，然后关闭电源，拔下电源插头。

4. 蓄电池容量计算公式

放电时间×放电电流＝蓄电池容量。例如：如果蓄电池外壳标称容量为10A·h，放电2h，放电电流设定为5A，那么检测的蓄电池容量为

2×5A·h=10A·h。

5. 注意事项

1）该仪器为精密电子仪器，要放置在通风良好的桌面上使用。

2）蓄电池在检测过程中会放出热量，仪器的后面板要距离墙不少于 20cm。仪器侧面的散热孔不能被堵住，以免影响通风散热，造成仪器损坏。

3）仪器使用时先打开电源总开关，待蓄电池夹好后，再打开放电开关。仪器不用时，应先关闭放电开关，再关闭总电源开关，严禁带电插拔电池连线，以免造成机器损坏。

（七）五合一蓄电池修复仪

"绿盟"牌 LY-6 蓄电池修复仪外形如图 1-43 所示。

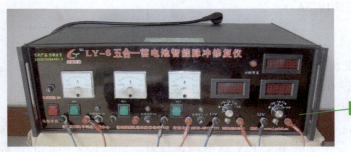

图 1-43　LY-6 蓄电池修复仪外形

1. 产品概述

该修复仪智能控制产生的谐振式复合正负脉冲波，可以同时修复 36V/10～24A·h 一组、48V/10～24A·h 两组，共 11 个蓄电池。只需 1～2 天时间（具体时间取决于蓄电池容量和硫化程度），便可清除电池极板硫化物，修复率可达 90% 以上。同时可对 2 个 12V 蓄电池进行恒流放电检测。

2. 技术参数

1）工作电压：交流 220V、50Hz。

2）整机工作效率≥ 90%。

3）蓄电池修复：可对一组 36V/10～24A·h、两组 48V/10～24A·h 蓄电池同时进行修复。

4）放电检测：可对 2 路 12V 单个蓄电池进行放电检测，放电电流 5A/7A/8.5A/10A 可调。

5）冷却方式：对流风冷结构。

6）外形尺寸：580mm×400mm×200mm。

7）机箱前板交流熔丝：220V/3A。

8）机箱前面板防反接保护熔丝：36V 为 3A，48V 为 5A。

9）输入、输出双回路保险。数码显示充电时间，稳定性好，显示清晰，精度高。

3. 适用范围

主要适用于电动车、电动摩托车 UPS 电源等铅酸蓄电池修复。1 路适用于 36V/10～24A·h，2/3 路适用于 48V/10～24A·h 容量的蓄电池。可修复报废、寿命将近终止的蓄电池，清除不可逆硫酸盐，延长蓄电池使用寿命，提高蓄电池的容量。

4. 技术原理

蓄电池修复仪采用电子扫频谐振式复合正负脉冲波和微充电电流，不间断地发出特定频率、特定波形的电脉冲波，用以清除极板上的硫化物结晶，并防止新的硫化物结晶产生。微充电电流用以补偿电池自放电损耗。电脉冲波能够使硫化物结晶体转化为细小晶体，使其能够正常地参与充放电的电化学反应，彻底解决电池的不可逆硫酸盐化问题。

5. 准备工作

1）给蓄电池补充电解液或蒸馏水。

2）工具：螺钉旋具、万能胶、吸管（可用一次性针管去掉针头代替），吸管直径要适合。

3）开盖：顺着排气孔撬开电池上方的盖板，一些电池的盖板是用万能胶粘接的，打开后内有塑料盖或橡胶帽。

注意：开盖时不要损坏盖板。

4）开排气阀：打开橡胶帽（注意安全，防止硫酸外溢，应戴上劳保手套和眼镜），露出排气孔，通过排气孔可以看到电池内部，一些电池的排气孔上有螺旋盖或橡胶帽，周围有填充物，注意保管好。

5）加液：用吸管将蓄电池电解液吸入，要恰好覆盖极板 2mm。

6. 修复电池方法

1）将电池与放电正负端子连接，立即进行放电，每个电池放电至 10.5V，做好时间记录，然后继续放电至 3～5V（深度放电只可进行一次）。

经过放电后的电池，根据具体情况分别进行配组（放电时间接近、电压电流接近的电池进行配组，电池的容量差越小越好）。

2）将需要修复的电池连接好，接入相应的修复端子，正负极不可接反。确认无误后先打开电源开关，再打开修复开关，观察电流表应有修复电流，各修复端均可同时修复。修复时间为10～12h，具体根据电池容量而定。在整个修复过程中注入电池的修复液一定要保持在富液状态。电池初次修复工作结束后应静置2h。

7. 检查

1）初次修复充电结束后，检查电池表面是否有修复液，如果没有修复液，应该补充修复液。放电测试容量，每个电池放到10.5V为止，如个别电池电压偏低，关闭此路，等其他电池放电至电压相同，再次重复修复充电。通过两充一放基本可达到相同容量。

2）整组电池中个别容量较差的电池可挑选出来与其他组中的电池进行配组修复。

3）盖上排气阀并检查是否完好，如排气阀损坏，需要更换。盖上电池盖板，如果是用胶粘的应该涂胶粘接。

4）修复好的电池应进行放电检测，每个电池截止电压为10.5V，放电时间达100min以上，证明被修电池容量已达到85%以上，可交付使用。

8. 注意事项

1）修复仪与被维护保养的电池额定电压必须一致。

2）修复仪的工作电源为220V/50Hz。使用中应当注意不能接触电池电解液，以免引起电解液渗透、腐蚀造成危险。

3）电解液要加注电池补充液，切不能加原液、自来水或含有重金属离子的水。

4）定期对修复仪的使用情况进行检查，并定期对铅酸蓄电池进行容量检测。

5）修复期间严格记录电池的初始状态和修复效果，并存档保留记录。

6）仪器使用时先打开电源总开关，待电池夹好后，再打开修复或放电开关。仪器不用时，应先关闭修复或放电开关，再关闭电源总开关，严禁带电插拔电池连线，以免造成机器损坏。非专业人员不得打开仪器。

7）该仪器为精密电子仪器，要放置在通风良好的桌面上使用。电池在检测过程中会放出热量，仪器的后面板要距离墙不少于20cm。仪器侧面的散热孔不能被堵住，以免影响通风散热，造成仪器损坏。

使用时应严格按操作说明使用，严禁正负极接反。

（八）蓄电池脉冲修复仪使用技巧

下面以"绿盟"牌LY-7蓄电池脉冲修复仪为例说明其使用方法，该仪器外形如图 1-44 所示。

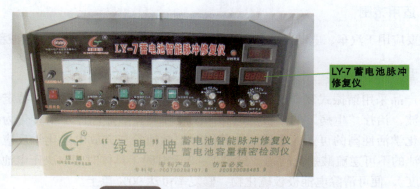

图 1-44　LY-7 蓄电池脉冲修复仪外形

1. 产品概述

该修复仪智能控制产生的脉冲波，可以同时对 36V/10～24A·h 一组、48V/10～24A·h 两组、24V/100A·h 一组，共 9 个蓄电池进行修复，同时可对 12V 两个蓄电池进行放电检测。只需 1～2 天时间（具体时间取决于蓄电池容量和硫化程度），便可清除蓄电池极板硫化物，修复率可达 90% 以上。可无损修复蓄电池，清除不可逆硫酸盐，延长电池使用寿命。

2. 技术参数

1）交流输入：220V±22V、50Hz。

2）整机工作效率≥90%。

3）放电检测：可对两个 12V 蓄电池进行放电检测，放电电流 5A、7A、8.5A、10A 任意设定。

4）修复充电：左起 1 路可修复 36V/10～24A·h 蓄电池一组，修复电流 2A，可修复 36V 蓄电池组。左起 2 路可修复 48V/10～80A·h 蓄电池一组，一个开关开时修复电流 3A，两个开关开时修复电流 6A，可修复 48V 蓄电池组。左起 3 路可修复 24V/120A·h 以下蓄电池，修复电流 10A。

5）冷却方式：对流风冷结构。

6）外形尺寸：580mm×400mm×200mm。

7）机箱交流熔丝：10A。

8）1 路 36V 直流防反接熔丝：3A；2 路直流防反接熔丝：10A；3 路直流防反接熔丝：15A。

9）输入、输出双回路保险。

10）数码显示充电时间，稳定性好，显示清晰，精度高。

3. 适用范围

主要应用于汽车、电动三轮车、电动自行车等 10～120A·h 容量的铅酸蓄电池。

4. 技术原理

该产品采用谐振式复合正负脉冲波，可不间断地发出特定频率、特定波形的电脉冲波，治疗"生病"的极板。电脉冲波能够使硫酸盐晶体重新转化为细小晶体、电化学活性高的可逆硫酸铅，使其能够正常地参与充放电电化学反应，彻底解决电池的不可逆硫酸盐化问题。只需 1～2 天时间（具体时间取决于电池容量和硫化程度），便可清除电池极板硫化物，修复率可达 90% 以上。

（九）蓄电池检测修复组合柜使用技巧

下面以"绿盟"牌 LY-9 蓄电池检测修复组合柜为例说明其使用方法，该仪器外形如图 1-45 所示。

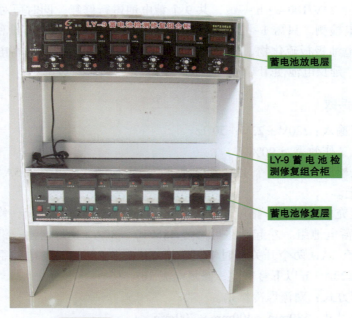

图 1-45　LY-9 蓄电池检测修复组合柜外形

1. 概述

该组合柜智能控制产生的正负脉冲波，可以同时对 6 组蓄电池进行修复。只需1～2天时间（具体时间取决于电池容量和硫化程度），便可清除电池极板硫化物，修复率可达95%以上，同时可对6个12V蓄电池进行精密恒流放电检测。

蓄电池检测修复组合柜是专为蓄电池维护、维修店，电动车经销商，电池经销商售后服务使用而生产的一款综合中型检测修复系统。该机功能完善先进，真正地从蓄电池的维修原理着手，从根本上延长了蓄电池的寿命，是广大蓄电池维修行业的理想配套设备。

2. 适用范围

主要适用于修复电动自行车、电动摩托车单个12V/10～100A·h的铅酸蓄电池。可对容量降低、寿命将近终止的蓄电池进行修复，清除不可逆硫酸盐，延长蓄电池使用寿命，提升蓄电池的工作状态。

3. 技术参数

1）交流输入220V±22V、50Hz。

2）整机工作效率≥95%。

3）第一层放电检测：可对6个12V蓄电池进行精密恒流放电检测，放电电流5A/7A/8.5A/10A可调。

4）第二层蓄电池修复：左起1路设两路开关，电压48V，一个开时电流为3A，2个开时电流为6A，可对100A·h以下蓄电池进行修复。左起2路电压24V，修复电流10A，可对100A·h以下蓄电池进行修复。左起3、4路电压48V，修复电流1.8A，可对24A·h以下蓄电池进行修复。左起5、6路电压36V，修复电流1.8A，可对24A·h以下蓄电池进行修复。修复时间按蓄电池容量和修复电流定时设置，到时自停。

5）冷却方式：直通风冷结构。

6）外形尺寸：长900mm×宽350mm×高1200mm。

7）交流熔丝：220V/10A。

8）直流防反接保护熔丝：第1路为10A；第2路为15A；第3、4路为5A；第5、6路为3A。

9）输入、输出双回路熔丝。

10）数码显示充电时间，自行定时，到时自停。

4. 技术原理

蓄电池检测修复组合柜采用电子扫频谐振式复合正负脉冲波和微充电电流，不间断地发出特定频率、特定波形的电脉冲波，用以清除极板上的硫化物结晶，并防止新的硫化物结晶产生。微充电电流用以补偿电池自放电损耗。电脉冲波能够使硫酸结晶体转化为细小晶体，使其能够正常地参与充放电的电化学反应，彻底解决电池的不可逆硫酸盐化问题。

5. 注意事项

1）组合柜与被维护保养的电池额定电压必须一致。

2）组合柜的工作电源为220V/50Hz。使用中应注意：**不能接触电池电解液，以免引起电解液渗透、腐蚀，造成危险。**

3）电解液要加蓄电池补充液，切不能加自来水或含有重金属离子的水。

4）定期对组合柜的使用情况进行检查，并定期补充电解液。

5）修复期间严格记录电池的初始状态和修复效果，并存档保留记录。

6）仪器使用时先打开电源总开关，待电池夹好后，再打开修复或放电开关。仪器不用时，应先关闭修复或放电开关，再关闭电源总开关，严禁带电插拔电池连线，以免造成机器损坏。非专业人员不得打开仪器，否则后果自负。

7）该仪器为精密电子仪器，要放置在通风良好的地方使用。电池在检测过程中会放出热量，仪器的后面板要距离墙不少于20cm。仪器侧面的散热孔不能被堵住，以免影响通风散热，造成仪器损坏。

（十）蓄电池检测修复组合系统使用技巧

下面以"绿盟"牌LY-10蓄电池检测修复组合系统为例说明其使用方法，该仪器外形如图1-46所示。

图1-46 LY-10蓄电池检测修复组合系统外形

1. 概述

系统是集放电检测、定时式修复为一体的多功能蓄电池检测修复组合系统，由 A、B 两部分组成。放电检测部分可对 12 个蓄电池进行电子恒流放电，精确度高，10.5V 报警，并可对蓄电池进行深度放电。修复部分可同时对 12 组、200A·h 以下蓄电池进行定时式脉冲修复，电子计时，到时自停。修复功能强大，成本低，修复好的电池容量达 95% 以上，最大限度地延长电池寿命。

2. 适用范围

蓄电池检测修复组合系统是专为蓄电池生产厂家，蓄电池维护、维修店，电动车经销商，电池经销商售后服务使用而生产的一款综合大型检测修复系统。该系统功能完善先进，真正地从蓄电池的维修原理着手，从根本上延长了蓄电池的使用寿命，是广大蓄电池维修行业的理想配套设备。

3. 技术参数

1）交流输入 220V±22V、50Hz。
2）整机工作效率≥95%。
3）A、B 外形尺寸：长 900mm× 宽 350mm× 高 1200mm。
4）冷却方式：多通道对流风冷结构。
5）显示方式：数码显示时间、电压，显示清晰。
6）输入、输出双回路保护，稳定性好。
7）修复时间定时设置，到时自停。

4. 性能指标

（1）A 型、B 型检测系统

第 1 层可对 12 个 12V 蓄电池进行放电检测，放电电流 5A/7A/8.5A/10A 恒流任意设定，10.5V 报警，关闭报警开关仍可继续深度放电。

（2）A 型：修复系统

第 2 层可对共 6 组蓄电池进行修复。

① 第 1、2、3 路修复电压 48V，修复脉冲电流 3A。可对 48V/24A·h 以下蓄电池进行修复。此 3 路可修复 48V 蓄电池组。反接熔丝为 5A。

② 第 4、5、6 路修复电压 36V，修复脉冲电流 2A。可对 36V/24A·h 以下蓄电池进行修复。此 3 路可修复 36V 蓄电池组。反接熔丝为 3A。

（3）B 型：修复系统

第 2 层可对共 6 组蓄电池进行修复。

① 第1、2路修复电压48V，设两个开关，一个开关开时修复脉冲电流3A，两个开关开时修复脉冲电流6A。可对48V/100A·h以下蓄电池进行修复。此2路可修复48V蓄电池组。反接熔丝为10A。

② 第3、4路修复电压48V，修复脉冲电流3A，可对48V/24A·h以下蓄电池进行修复。此2路可对48V蓄电池组进行修复。反接熔丝为5A。

③ 第5、6路修复电压24V，修复脉冲电流10A，可对24V/200A·h以下蓄电池进行修复。此2路反接熔丝为15A。

注意：大蓄电池修复前必须加入适量修复剂。

第二章 蓄电池故障及维修方法

第一节 蓄电池的规格型号和连接方法

一、蓄电池规格型号

1. 蓄电池型号

我国铅酸蓄电池型号一般以汉语拼音字母及数字来表示和区别，分别表示蓄电池的结构、性能、单体蓄电池数和蓄电池额定容量。

铅酸蓄电池型号如图 2-1 所示。

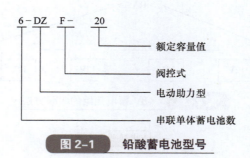

图 2-1　铅酸蓄电池型号

2. 蓄电池容量

蓄电池额定容量是按国家标准规定的蓄电池容量，单位用 A·h（安时）来表示，它反映了蓄电池存储电量的大小，数值越大，则存储的电量就越多。

20A·h 铅酸蓄电池型号在蓄电池上的标示如图 2-2 所示。

45

图2-2　20A·h 铅酸蓄电池型号的标示

电动自行车和代步车常用额定电压为12V的铅酸蓄电池。蓄电池容量常见有12A·h、20A·h、32A·h和45A·h。

二、蓄电池的连接方法

电动自行车和代步车在使用中，常将12V蓄电池进行串联使用。将4个12V蓄电池串联成48V蓄电池组；将5个12V蓄电池串联成60V蓄电池组，将6个12V蓄电池串联成72V蓄电池组；将7个12V蓄电池串联成84V蓄电池组。

下面以48V蓄电池组为例说明蓄电池的连接方法。

48V蓄电池组的串联方法如图2-3所示。48V蓄电池组在整车上的连接方法如图2-4所示。48V蓄电池组的串联实物如图2-5所示。

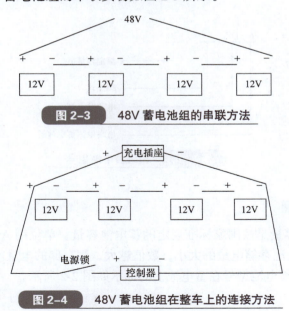

图2-3　48V蓄电池组的串联方法

图2-4　48V蓄电池组在整车上的连接方法

第二章 蓄电池故障及维修方法

图 2-5　48V 蓄电池组的串联实物

第二节　蓄电池检测与使用保养

一、蓄电池的检测方法

1. 蓄电池外观检测

1）蓄电池外观正常，无鼓包、变形、裂纹、破损等机械损伤。
2）蓄电池表面干净，无电解液渗漏。
3）蓄电池正负极标志清晰，极性正确，红正、黑（或蓝）负。端子正常无断裂、无锈蚀。

蓄电池外观检测如图 2-6 所示。

图 2-6　蓄电池外观检测

2. 开路电压测量

将万用表置于直流20V档位，测量单个蓄电池开路电压，应在10.5～13V，整组蓄电池中的单个蓄电池的开路电压差不得大于0.5V，否则说明蓄电池有故障。测量单个蓄电池开路电压如图2-7所示。

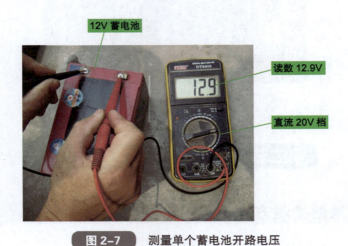

图 2-7　测量单个蓄电池开路电压

3. 蓄电池容量测试仪检测

使用蓄电池容量测试仪检测蓄电池的带载情况，如果指针低于红色刻度（10.5V），说明蓄电池有故障。蓄电池容量测试仪检测如图2-8所示。

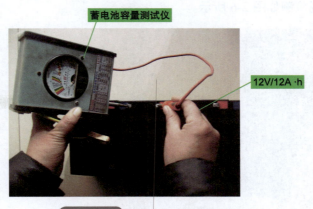

图 2-8　蓄电池容量测试仪检测

第二章　蓄电池故障及维修方法

4. 蓄电池放电仪放电检测

将蓄电池用充电器充电至转绿灯后,再浮充 2h,然后使用 LY-5 蓄电池容量检测放电仪标准电流进行放电检测,根据 2h 率放电电压和容量对照表,判断蓄电池的容量,蓄电池组中单个蓄电池的放电时间不应大于 5min。新蓄电池应符合国家标准,放电时间在 120min 以上。

2h 率放电电压和容量对照表见表 2-1。用 LY-5 蓄电池容量检测放电仪放电如图 2-9 所示。

表 2-1　2h 率放电电压和容量对照表

容量	100%	90%	80%	70%	60%	50%
电压 /V	12.66	12.60	12.52	12.43	12.30	12.13
容量	40%	30%	20%	10%	0%	
电压 /V	11.94	11.74	11.43	11.18	10.50	

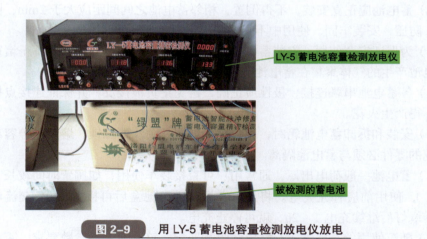

图 2-9　用 LY-5 蓄电池容量检测放电仪放电

5. 测量电解液的密度

对充满电的蓄电池,用密度计测量电解液的密度,应为 1.28g/L,越高越好。测量电解液的密度如图 2-10 所示。

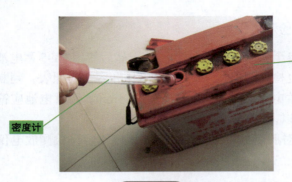

图 2-10 测量电解液的密度

二、蓄电池使用和保养

1. 蓄电池的正确使用

正确使用和保养蓄电池,可以延长它的使用寿命。

1)安装前应检查蓄电池是否破损,并用干布清洁蓄电池表面,如发现蓄电池外壳破裂,应立即更换蓄电池,以免造成腐蚀。

2)蓄电池应正立安装,不得倒置,相邻蓄电池之间间距应大于2mm,同时要防振、防压,安装牢固,使用中不得窜动撞击、相互摩擦,不能进水。

3)为保证安全使用,安装蓄电池的蓄电池盒必须留有气孔,且不得堵塞,防止蓄电池产生的气体聚集在蓄电池盒内。

4)各蓄电池串联连接,极性应正确,避免正负极接反,并保证连接点接触良好,不得产生火花。

5)安装和拆卸蓄电池箱时,应先关闭电源开关。电源锁、熔丝座等容易产生电火花的零件必须与蓄电池隔离。

6)蓄电池一般荷电出厂,通常用户可直接装车使用,如搁置时间较长(超过2个月),使用前应补充充电。将充电器插入蓄电池盒后再接上220V交流电,充电器转绿灯后继续充电1~2h,就可停止充电。

7)随车使用的充电器应与蓄电池组相匹配,符合充电器参数要求,否则将有损蓄电池性能。

8)不同型号、不同品牌、新旧不一的蓄电池不能混用。

9)蓄电池不可靠近火源、热源,炎热季节严禁在阳光下直接暴晒,应避免蓄电池剧烈振动、碰撞。安装蓄电池时,避免金属工具和连线搭在正负极上使得蓄电池短路,造成火灾或损伤蓄电池。

10)蓄电池容量以环境温度25℃为标准,温度每下降1℃,则蓄电池容量下降约 1%，在使用中应考虑环境温度的影响因素。

11）蓄电池应尽量避免在 -10℃ 以下的低温环境下使用。

12）蓄电池是消耗品，经过一段时间的充放电循环使用后，蓄电池容量会逐渐下降，造成电动自行车续行里程降低，这属于正常现象。但在保用期内蓄电池容量降至标准值 60% 以下时，则视为蓄电池失效，超过保用期之后蓄电池容量降至标准值 60% 以下，为正常损耗。

13）蓄电池内的电解质有强腐蚀性，切勿溅到皮肤或衣物上，如溅到皮肤、眼中须立即用大量清水冲洗，严重时须送医院治疗。

2. 蓄电池保养

蓄电池的保养可以归纳总结为"五怕"。

1）怕亏电存放。电动自行车如长期不用需对蓄电池充足电后再进行搁置，并且每隔一个月对蓄电池进行补充充电，严禁在亏电状态下长期搁置存放。

2）怕过充电。蓄电池连续充电时间一般不要超过 10h，如果长时间充电充电器仍不转换变灯或出现蓄电池发烫现象，应立即停止充电。严禁在充电器不转换变灯的情况下继续充电。

3）怕过放电。电动自行车在骑行时，最好在蓄电池使用了 80% 左右的电量后进行充电，不要在蓄电池电量用尽后再充电。蓄电池电量一旦用尽后，应关闭电源，不得使用蓄电池（回升电压）强制行驶，以防止因过放电而缩短蓄电池寿命（36V 电动自行车最低蓄电池保护电压为 31.5V，48V 电动自行车最低蓄电池保护电压为 42V）。

4）怕大电流充电。蓄电池充电应按照要求的充电电流进行，严禁对蓄电池进行大电流充电。

5）怕大电流放电。如果电动机有故障，用户强制骑行，会造成大电流放电，这样会损坏蓄电池。

第三节　蓄电池的常见故障

一、蓄电池变形鼓包

1. 故障现象

蓄电池在使用一年后，由于蓄电池容量自然衰减，电动自行车的续行里程会自然下降。个别用户存在错误的观念，认为充电时间越长，蓄电池的储电量就越大，所以就人为地故意对蓄电池过充电，这样就容易使蓄电池变形鼓包。蓄电池正常充电一般在充电器转绿灯后再浮充 1~2h 即可拔下充电器，停止充电。如果蓄电池缺液严重再加上用户长时间充电，就会使蓄电池产生"热失控"现象，当蓄电池温度达到 80℃ 以上时，就会发生变形鼓包。

蓄电池变形鼓包如图 2-11 所示。

图 2-11　蓄电池变形鼓包

2. 故障原因

1）如果一组蓄电池（4 个或 5 个）同时变形，应先对充电器做电压检查。48V 充电器输出电压应为 56V 左右，60V 充电器输出电压应为 72V 左右，72V 充电器输出电压应为 78V 左右。如果充电器输出电压偏高、无过充电保护或不转涓流，应更换充电器。如果充电器正常。那么蓄电池变形是由于用户过充电产生"热失控"所致。

2）一组蓄电池（4 个或 5 个）中只有 1 个或 2 个变形，有以下故障的可能：

① 蓄电池荷电不一致，充电时容量低的蓄电池过充电引起变形。荷电不一致的原因，可能有短路单格存在，也可能是用户将蓄电池试验放电或自放电等。

② 某些蓄电池极板出现不可逆硫酸盐化，内阻增大，造成充电发热变形。

③ 蓄电池连线时错误，造成充电发热变形。对未变形的蓄电池检查放电容量以及自放电特性，若无异常则不属于蓄电池问题。

3. 故障维修和预防措施

① 蓄电池在使用过程中应防止过充电和过放电的发生，做到足电存放；严格检查充电器，不得有严重过充电现象。

② 在高温下充电，必须保证蓄电池散热良好。应采取降温措施或减短充电时间的方法，否则应停止充电。

③ 在保证不漏液的前提下尽可能多加液，以减缓或避免"热失控"的产生。

第二章 蓄电池故障及维修方法

④ 避免蓄电池连线错误或内部产生短路或微短路。

二、插上充电器就转绿灯，蓄电池充不进电

1. 故障现象

蓄电池在使用中，插上充电器就转绿灯，充不进电。

2. 故障原因

① 充电器有故障，充电参数不符合要求，充电器输出电压偏低。48V 充电器输出电压应为 56V 左右，60V 充电器输出电压应为 72V 左右，70V 充电器输出电压应为 78V 左右。测量 48V 充电器输出电压，如图 2-12 所示。测量 60V 充电器输出电压，如图 2-13 所示。

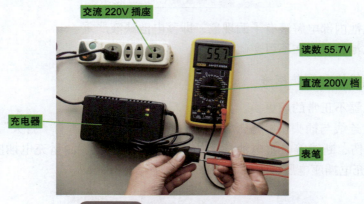

图 2-12　测量 48V 充电器输出电压

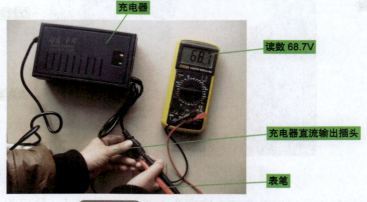

图 2-13　测量 60V 充电器输出电压

② 充电插座或插头有故障，蓄电池连接断开，蓄电池盒上的熔丝损坏或接触不良。检查蓄电池盒上的熔丝，如图 2-14 所示。

图 2-14　检查蓄电池盒上的熔丝

③ 蓄电池内部电解液有干涸现象，即蓄电池缺液严重。
④ 蓄电池极板存在不可逆硫酸盐化。

3. 故障维修和预防措施

① 充电器不正常的应更换。
② 检查连线与插头接触是否完好，检查插座和插头是否有"打火"烧弧现象，有无线路损伤、断线等。蓄电池盒上的熔丝损坏应更换。测量充电插座电压是否正常。测量充电插座电压，如图 2-15 所示。

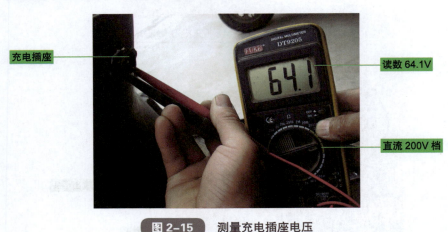

图 2-15　测量充电插座电压

③ 蓄电池缺液严重应补充加入密度为 1.03g/L 的补充液，使用蓄电池修复仪进行维护充电、放电恢复电池容量。干涸的电池加液后进行维护充电，应控制最

大电流为 1.8A，充电 10 ~ 12h，一组中四个蓄电池的电压均在 13.5V 以上为好。如果蓄电池之间电压差超过 0.5V，说明蓄电池已经出现不同步的不可逆硫酸盐化。加入补充液如图 2-16 所示。

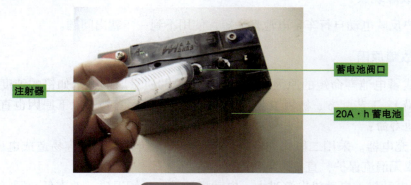

图 2-16　加入补充液

④ 如果发现蓄电池有不可逆硫酸盐化，应进行修复充电恢复容量。对于发生严重不可逆硫酸盐化的蓄电池，需要更换整组蓄电池或激活蓄电池。对于极板的不可逆硫酸盐化，可通过充放电测量其端电压的变化来判定。在充电时，蓄电池的电压上升特别快，某些单格电压特别高，超出正常值很多；放电时电压下降特别快，蓄电池不存电或存电很少。出现上述情况，可判断蓄电池出现不可逆硫酸盐化。

三、蓄电池漏液

1. 故障现象

常见的蓄电池漏液现象一是上盖与底槽之间密封不好或因碰撞、封口胶开裂造成漏液；二是加入的电解液过多造成帽阀处渗酸漏液；三是接线端子处渗酸漏液；四是蓄电池安装时倒置，使电解液外漏。

2. 故障维修和预防措施

先做外观检查，找出渗酸漏液部位。如果是蓄电池倒置造成的，重新对蓄电池进行安装。打开蓄电池上盖，检查帽阀周围有无渗酸漏液痕迹，然后打开帽阀观察蓄电池内部有无流动的电解液，如果电解液过多，需用注射器吸出多余电解液。完成了上述工作之后，若仍未发现异常，应做气密性测试，将蓄电池放入水中充气加压，观察蓄电池有无气泡产生并冒出，有气泡则说明有渗酸漏液。如果接线端子处渗酸漏液应重新用 AB 胶封好。

四、蓄电池寿命短

1. 故障现象

用户反映电动自行车蓄电池寿命短,使用不到一年就出问题。

2. 故障原因

造成蓄电池寿命短的原因,除蓄电池自身的质量原因,例如铅的纯度低(使用回收铅)、工艺配方、极板工艺及加工精度不良等因素外,以下原因也直接影响到蓄电池寿命:

1)充电器。采用二段式充电器,电路简单,价格低廉,容易造成电压不稳、过充电或无涓流保护,直接影响蓄电池寿命。

2)电动机。电动机电流过大,电动机笨重,磁钢退磁、效率低。同样情况下有刷电动机耗电量大,续行里程短,影响蓄电池寿命。

3)控制器。低价控制器功能不全,无过电流、欠电压、限电流保护,造成蓄电池过度放电,影响蓄电池寿命。

4)踏板电动自行车。由于车体重,用户经常超载,骑行无助力,造成蓄电池寿命短。

五、蓄电池充电时发热

1. 故障现象

用户反映,蓄电池充电时发热。

2. 故障原因

由于充电器电压偏高、蓄电池极板硫化,导致充电后期发生电解水反应(产生 H_2 和 O_2),蓄电池内部压力增大,H_2 和 O_2 泄漏,造成水分丢失。如果水分丢失过多,蓄电池内部会发生热失控,蓄电池就会鼓包,如果发生极板断裂产生火花,点燃 H_2 就会爆炸。

3. 故障维修和预防措施

对于充电发热的蓄电池,首先排除充电器故障。如果充电器正常,那么发热的原因是蓄电池缺液,对蓄电池进行加液处理。如果个别蓄电池加液后迅速失效,造成这种现象的原因并非是加液所致,恰恰是因为没有及时加液或加液工艺不合理所致。

六、刚换新蓄电池的电动自行车也跑不远

1. 故障现象

用户反映,刚换的新蓄电池电动自行车也跑不远。这一般不是蓄电池的原因,需对电动自行车进行检查。

2. 故障原因

1)整车性能下降,机械部分不灵活,缺少润滑油,轴承卡滞,车架变形,前后轮不平行等。
2)电动机耗电量大,电刷磨损,线圈漏电,磁钢退磁,控制器性能变差。
3)充电器性能下降,蓄电池充不满。
4)控制器欠电压保护值过高,蓄电池没有充分充电。
5)电动车轮胎气压不足。

3. 维修方法

1)检查电动自行车起动和运行电流是否过大,若过大(起动电流在8A以上,运行时的空载电流1.8A以上),应对电动机进行检修处理。

电动机电流测量方法:将万用表置于直流20A档位,红表笔插在20A插孔,黑表笔串接在控制器的红色进线上,打开电源锁,转动转把读取万用表读数。

电动机电流测量如图2-17所示。

图2-17 电动机电流测量

2)检查蓄电池组电压是否偏低,如果过低,应对蓄电池进行充电。测量蓄电池组电压如图2-18所示。

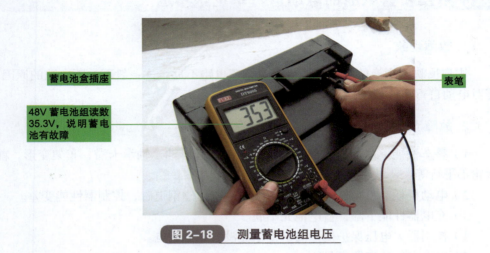

图 2-18 测量蓄电池组电压

蓄电池盒插座

48V 蓄电池组读数 35.3V，说明蓄电池有故障

表笔

3）充电器损坏需更换新的同型号充电器。
4）控制器欠电压保护值过高更换新控制器。
5）电动车轮胎气压不足对轮胎进行补气。

七、蓄电池自放电严重

1. 故障现象

用户反映，刚充满电的电动自行车，隔夜后电量下降很多，蓄电池的自放电严重。

2. 故障原因

蓄电池在不使用的情况下，电量下降的现象称为自放电。

任何出厂已充满电的蓄电池都会自放电。因此它的存储都是有一定期限的。存放的温度越高，自放电的程度就会越高。一般情况下，每天消耗本身电量的 1%～2% 是正常的，如超过此数值，为不正常放电。如果一个充足电的蓄电池，储存 1 个月，电能容量大约损失一半，即有故障。

主要有以下原因：
1）隔板破裂，造成局部短路。
2）极板活性物质脱落，使极板短路造成放电。
3）极板材料或电解液中有杂质，使蓄电池放电。

4）蓄电池盖上有电解液或水，使正负极形成通路而放电。

5）蓄电池长期存放，电解液中硫酸下沉，使上部密度小，下部密度大，引起自行放电。

3. 故障维修和预防措施

1）为确保蓄电池不会过度放电，以致完全损坏（硫酸盐化），应定期对蓄电池电压进行检查，一般每月检查一次蓄电池的电压，蓄电池的电压下降至 12.4V 或更低就必须充电。

2）检查蓄电池正负连接线有无短路和连接不可靠等，有则排除之。

3）蓄电池修复时加强保养，保持蓄电池上盖清洁。

4）保证电解液有较高的纯度，在配制电解液添加蒸馏水时，都应严防杂质进入。

5）蓄电池在存放过程中应经常充电，使电解液密度保持均匀，并使液面不致下降。

6）冲洗蓄电池外表时应预防污水从加液口盖或通气孔处进入蓄电池内部。

7）隔板、极板损坏时应及时修复或更换。

8）更换电解液时，一定要将蓄电池内的残液清除干净。

八、蓄电池容量"不均衡"

1. 故障现象

电动自行车蓄电池使用 8~10 个月后出现蓄电池容量"不均衡"，造成电动自行车续行里程减少。

2. 故障原因

串联蓄电池组的均衡性是一个世界性的难题，使用过程中总会有"落后"蓄电池存在。其原因是多种多样的，有生产原因，也有原材料的原因和使用的原因等。所以我们看到新铅酸蓄电池一般要配组出厂，将蓄电池放电时间和单个电压接近的配成一组。

3. 故障维修和预防措施

首先使用万用表和蓄电池容量表测量，将个别有故障的蓄电池挑出，用相同电压的蓄电池进行更换。用万用表测量蓄电池电压如图 2-19 所示。用蓄电池容量表测量如图 2-20 所示。

图 2-19　用万用表测量蓄电池电压

图 2-20　用蓄电池容量表测量

然后将蓄电池进行修复维护充电,用 2h 倍率将蓄电池放电,记录蓄电池放电时间,并将修复后的蓄电池进行重新配组装车。

九、蓄电池内部断格

1. 故障现象

蓄电池内部断格后单个蓄电池电压低于 10.5V,造成电动自行车不能骑行。

2. 故障原因

断格一般是生产工艺不过关造成的,例如焊接质量问题,或者是隔板质量问题。也有使用不当的可能,例如用户使用中蓄电池振动,使过桥开焊。

3. 故障维修和预防措施

如果蓄电池出现断格,属于物理损坏,不能用修复仪修复,需打开蓄电池上盖,用万用表测量每个单格,找出断格部分,然后对断格部分进行处理,方可排除故障。如果不具备维修条件和技术，一般需更换新蓄电池。

十、蓄电池内部短路

1. 故障现象

蓄电池内部短路是指铅酸蓄电池内部正负极群相连。通常有以下特征：
1）大电流放电时，端电压迅速下降到零。
2）充电末期冒气少或无气泡。
3）充电时电解液温度上升快，密度上升慢，甚至不上升。
4）开路电压低，闭路电压（放电）很快达到终止电压。
5）蓄电池自放电严重。
6）电解液密度很低，在低温环境中电解液会出现结冰现象。
7）充电时，电压上升很慢，始终保持低值（有时降为零）。
8）充电时，电解液温度上升很慢或几乎无变化。

2. 故障原因

1）焊接熔化物落于蓄电池内部。焊接极板时"铅流"未除尽，或装配时有"铅豆"在正负极板间，在充放电过程中损坏隔板造成正负极板相连。
2）隔板窜位使正负极板相连。
3）严重硫化造成的晶枝搭桥短路。
4）正极板活性物质膨胀脱落，因脱落的活性物质沉积过多，致使正、负极下部边缘或侧面边缘与沉积物相互接触而造成正负极板相连，这种蓄电池表现为电解液发黑。
5）导电物体落入蓄电池内。

3. 故障维修和预防措施

如果蓄电池出现短路，属于物理损坏，不能用修复仪修复，需打开蓄电池上盖，用万用表测量每个单格，找出短路部分，对短路部分进行处理，方可排除故障。如果不具备维修条件和技术，一般需更换新蓄电池。

十一、蓄电池电解液发黑

1. 故障现象

蓄电池修复时，修复充电 4~5h 后，开始产生气泡，发现蓄电池电解液发黑。

发黑电解液如图 2-21 所示。

图 2-21　发黑电解液

2. 故障原因

蓄电池阳极软化，活性物质膨胀脱落，使电解液发黑。

3. 故障维修和预防措施

如果电解液轻度发黑，可在蓄电池修复时把发黑的电解液吸出，加入新的电解液。如电解液发黑严重，表明蓄电池正极板脱粉严重，极板已经软化，蓄电池修好的可能不大，应报废处理。吸出发黑的电解液如图 2-22 所示。

图 2-22　吸出发黑的电解液

十二、蓄电池充电 10h 以上，仍不转绿灯

1. 故障现象

用户反映，蓄电池充电时，充电达 10h 以上，仍不转绿灯。

2. 故障原因

1）充电器有故障。如果拔下充电器后，充电器指示灯变绿灯，说明充电器正常。

2）蓄电池有故障。一般是蓄电池电解液缺少，需要加入补充电解液。一般加入 5～10mL，加到覆盖蓄电池极板即可。

加入补充电解液如图 2-23 所示。

图 2-23　加入补充电解液

3. 故障维修和预防措施

1）充电器有故障的更换新充电器。

2）蓄电池电解液缺少，重新加入补充电解液。

十三、蓄电池极板硫化

1. 故障现象

如果蓄电池放电时间过长，蓄电池内部就会发生称为"硫酸盐化"的化学反应，它会永久性削弱甚至损坏蓄电池。硫酸盐化现象发生时，在蓄电池的极板上可以看到一种白灰色的薄膜，这就是硫酸盐化，简称"硫化"。蓄电池硫酸盐化后，在负极板上会产生一层导电不良、白色坚硬的硫酸铅结晶，充电时又非常难于转化为活性物质的硫酸铅，这种现象通常发生在负极，也称为不可逆硫酸盐化。硫化的蓄电池最明显的外特征是蓄电池容量下降，内阻增加，表现为充电时间短，很快就将电放完。蓄电池极板硫化如图 2-24 所示。

蓄电池极板硫化故障特征如下：

1）蓄电池容量降低，表现为充电时间短而又很快把电放完。

图 2-24　蓄电池极板硫化

2）电解液密度低于正常值。
3）开始充电和充电完毕时蓄电池端电压过高。
4）充电时过早产生气泡或开始充电就产生气泡。
5）充电时电解液温度上升较快。

2. 故障原因

在正常充电和放电的循环中，来自极板的活性物质不断活动，进行电化学反应，从而产生电流。蓄电池每进行一次充、放电循环，其极板上的活性物质都有少量的损失。决定蓄电池最终使用寿命的因素很多，因此，不可能规定蓄电池的最短或最长使用寿命。充、放电所引起的正常蓄电池损耗是渐进的，最终会使蓄电池失效。

过度充、放电循环会造成硫化。如果蓄电池过度放电（超过40%），然后快速充电，这种损耗的过程就会加速。此外，如果充电不充分，蓄电池的性能减弱也会很快体现出来。当这种现象发生时，甚至充电之后，电压仍会低于12.4V，这种情况下容易出现硫酸盐化。

蓄电池极板硫化的原因归纳如下：
1）新蓄电池初始充电不足。
2）已放电或半放电状态放置时间过久，自放电率高。
3）蓄电池长期充电不足，长时间处于欠充电状态。
4）蓄电池经常过量放电。
5）蓄电池电解液干涸，致使极板上部露出。
6）蓄电池放电后未对其进行及时充电或放电电流过大。
7）电解液不纯或加入的电解液密度过高。

3. 故障维修和预防措施

蓄电池产生不可逆硫酸盐化时，应及时发现故障查找原因，尽快采取有效措施进行排除。目前国际上通用的方法是用蓄电池脉冲修复仪进行修复除硫。蓄电池脉冲修复仪修复蓄电池如图2-25所示。

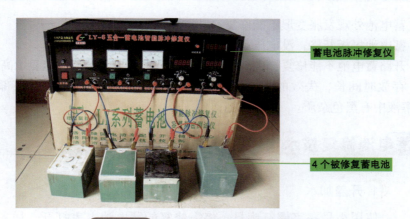

图 2-25　蓄电池脉冲修复仪修复蓄电池

第四节　蓄电池修复技术

下面以"绿盟"牌 LY-9 蓄电池检测修复组合柜为例说明蓄电池修复方法。

一、修复前蓄电池的挑选

可修复蓄电池应符合以下标准：

1）蓄电池外观无变形、漏液、发热、漏电，电池内部无短路、开路，电解液无明显浑浊且发黑等不良现象。

2）所修复的蓄电池使用时间一般在 1~2 年。

3）蓄电池的端电压要大于 10.5V。

其中蓄电池的变形、漏液、发热、漏电等可以通过目视发现；短路、开路也可以使用万用表和容量测试仪检测，初始容量可以通过充放电的方法得到一个较为准确的数字。只有电解液浑浊且发黑不易检查，下面主要介绍一下检测电解液的操作步骤。

先检测蓄电池的密封情况，确定蓄电池无漏液后，晃动蓄电池，使液体和极板充分融合，再用注射器将电解液吸出，看液体是否浑浊和发黑。若出现电解液变黑,则表明蓄电池负极板已经软化(极板活性物质脱落),该蓄电池没有修复好的可能;若电解液颜色正常,则可以确定蓄电池容量下降的主要原因应该为极板硫化所引起。这样的蓄电池就可以使用蓄电池智能脉冲修复仪进行修复。

二、不能修复的蓄电池

1)蓄电池外观发胀变形不能修复。
2)蓄电池极板断格,没电压和电流的不能修复。
3)开路蓄电池不能修复,表现为蓄电池充不进电、无电流,但显示高电压。
4)存放时间长,失效的蓄电池不能修复,表现为电池电压低、底部积粉过多、电解液中有黑色杂质。

三、蓄电池修复技术

1. 开盖加水

使用小号一字螺钉旋具,将需修复的蓄电池上盖打开,加入密度为1.03g/L 的补充电解液。打开蓄电池上盖如图 2-26 所示。加入补充液如图 2-27 所示。

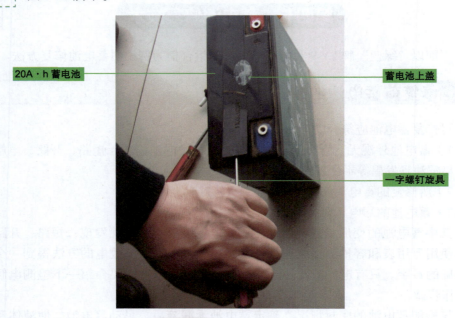

图 2-26　打开蓄电池上盖

第二章 蓄电池故障及维修方法

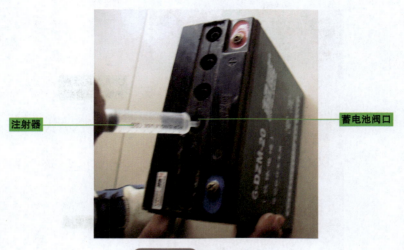

图 2-27　加入补充液

注射器　蓄电池阀口

2. 放电检测

在放电仪上将蓄电池全部放至 10.5V。记录初始放电时间（即容量）。然后将蓄电池进行深度放电到 0V，深度放电只可进行一次。蓄电池放电检测如图 2-28 所示。

LY-9 蓄电池检测修复组合柜

被检测蓄电池

图 2-28　蓄电池放电检测

3. 修复充电

将放电到 0V 的蓄电池立即夹入修复端子，打开修复开关，修复充电 10h。蓄电池修复如图 2-29 所示。

图 2-29　蓄电池修复

4. 二次检测放电、修复充电

1）修复时间到后关闭修复开关。为了检测和配组蓄电池，需要再进行一次放电，放电到 10.5V 时记录放电时间，并与原始放电时间进行对照。放电时间在 100min 以上的蓄电池可以配组使用。

2）为了使用户装车后即可使用，需再次将蓄电池上机修复充电 10h。

5. 封口

1）二次修复充电完成后，让蓄电池静置 1～2h。将蓄电池翻转，阀口朝下倒出多余电解液，擦净蓄电池上盖。倒出多余电解液如图 2-30 所示。

图 2-30　倒出多余电解液

2）将安全阀和吸水棉复原。用 PVC 胶封好蓄电池盖板，如图 2-31 所示。

图 2-31　封好蓄电池上盖

6. 配组装车

待胶水完全凝固后，将开路电压相同、放电时间一样的蓄电池配成一组，将蓄电池串联好，装车使用。如图 2-32 所示。

图 2-32　配组装车

四、蓄电池修复注意事项

1）充电过程中会出现冒泡现象，这属于正常现象，但要注意不要让电解液溢出螺孔，若溢出，即时用吸管吸掉。

2）充电过程中电解液可能出现发黑混浊现象，应及时用吸管吸掉，再补充上新的修复液。

3）充电过程中有的孔中电解液可能干了，要及时补充。

4）充电过程中蓄电池有温升，用手触摸，应不烫手。

5)蓄电池专用修复液有腐蚀性,不要溅到眼中和身体上。

6)修复结束后,让蓄电池静置1~2h,将电池转180°,把蓄电池底朝上放置,将多余的电解液倒出。擦净蓄电池,旋上螺塞,用万能胶粘好盖板。

五、蓄电池修复电流与时间换算

修复时间 $H = \dfrac{AH}{A} \times 1.3$(系数),比如100A·h蓄电池修复时间 $H = \dfrac{100}{8} \times 1.3 = 16.25\text{h}$。

蓄电池修复电流与时间换算见表2-2。

表2-2 蓄电池修复电流与时间换算

电池容量	修复电流	时间
10/14A·h	约2A	8~10h
17/20A·h	约3A	10~12h
36A·h	约4A	12h
40A·h	约5A	13h
60A·h	约6A	14h
80A·h	约7A	15h
100A·h	约10A	17h
120A·h	约15A	18h
150A·h	约18A	20h
200A·h	约20A	22h

注:1. 判断电池是否充满的方法:一是采用时间法,二是可用小型蓄电池容量测试仪(电流表)测试,综合做出判断。

2. 可用比重计测量电解液密度,密度在1.28g/L左右即为已充满电。

第三章 充电器故障及维修方法

第一节 充电器的规格型号和正确使用方法

一、充电器分类

1. 按照输出电压分类

按充电器输出电压不同,可分为36V、48V、60V、72V、84V等。

2. 按蓄电池容量大小分类

按充电器充电的蓄电池容量大小,可分为12A·h、20A·h、32A·h、45A·h、100A·h等。

3. 按充电器构成分类

按充电器构成,可分为变压器、可控硅、开关电源式三种。

4. 按充电阶段分类

按充电器充电阶段,可分为二段式和三段式。早期生产的二段式充电器已是淘汰产品,目前市场上大多为三段式充电器。

二、充电器的常见规格型号

充电器与蓄电池配套使用,必须与蓄电池组的电压容量相匹配,如果充电器损坏,必须更换相同型号的充电器。

充电器产品规格型号见表3-1。

表 3-1　充电器产品规格型号

型号	适用蓄电池组	输出空载电压 /V	充电电流 /A
12V 系列	铅酸蓄电池 12V/10～14A·h	14.5	1.2～1.8A
	铅酸蓄电池 12V/17～20A·h		2.0～2.5A
	铅酸蓄电池 12V/22～24A·h		2.7～3.0A
	铅酸蓄电池 12V/28～30A·h	14.5	3.5～3.8A
	铅酸蓄电池 12V/30～40A·h		3.8～5.0A
24V 系列	铅酸蓄电池 24V/10～14A·h	28.8	1.2～1.8A
	铅酸蓄电池 24V/17～20A·h		2.0～2.5A
	铅酸蓄电池 24V/22～24A·h		2.7～3.0A
	铅酸蓄电池 24V/28～30A·h		3.5～3.8A
	铅酸蓄电池 24V/30～40A·h		3.8～5.0A
36V 系列	铅酸蓄电池 36V/10～14A·h	42	1.2～1.8A
	铅酸蓄电池 36V/17～20A·h		2.0～2.5A
	铅酸蓄电池 36V/22～24A·h		2.7～3.0A
	铅酸蓄电池 36V/28～30A·h		3.5～3.8A
	铅酸蓄电池 36V/30～40A·h		3.8～5.0A
48V 系列	铅酸蓄电池 48V/10～14A·h	56	1.2～1.8A
	铅酸蓄电池 48V/17～20A·h		2.0～2.5A
	铅酸蓄电池 48V/22～24A·h		2.7～3.0A
	铅酸蓄电池 48V/28～30A·h		3.5～3.8A
	铅酸蓄电池 48V/30～40A·h		3.8～5.0A
60V 系列	铅酸蓄电池 60V/10～14A·h	72	1.2～1.8A
	铅酸蓄电池 60V/17～20A·h		2.0～2.5A
	铅酸蓄电池 60V/22～24A·h		2.7～3.0A
	铅酸蓄电池 60V/28～30A·h		3.5～3.8A
72V 系列	铅酸蓄电池 72V/10～14A·h	86.5	1.2～1.8A
	铅酸蓄电池 72V/17～20A·h		2.0～2.5A
	铅酸蓄电池 72V/22～24A·h		2.7～3.0A
	铅酸蓄电池 72V/28～30A·h		3.5～3.8A

三、充电器的替换

替换充电器时应与原充电器型号相同，主要是输出电压和被充蓄电池的容量参数都要与电动自行车相配套，还要注意充电器输出插头的极性要与蓄电池插头极性对应，否则会造成充电器损坏。

可通用的充电器如下：

第三章 充电器故障及维修方法

36V/10A·h、36V/12A·h 与 36V/14A·h 通用。
48V/10A·h、48V/12A·h 与 48V/14A·h 通用。
48V/20A·h、48V/22A·h 与 48V/24A·h 通用。
48V/28A·h、48V/32A·h 通用。
60V/20A·h、60V/22A·h 与 60V/24A·h 通用。
72V/20A·h、72V/22A·h 与 72V/24A·h 通用。

另外，充电器的交流输入插头通用，直流输出插头不通用。直流输出插头有多种，有圆孔形插头、三孔插头、T形三孔插头、速派奇和澳柯玛车专用插头。

替换充电器时，圆孔形输出插头中间为正极，外壳为负极，可以通用替换，三孔插头不通用。圆孔形插头极性如图 3-1 所示。

T形三孔充电插头极性大多为 N 是正极，L 是负极。也有 N 为负极，L 为正极，例如绿源车和小鸟车。速派奇车专用插头与三孔插头外形一样，只是 N 为正极，E 为负极。

T形三孔插头常见极性如图 3-2 所示。三孔插头实物如图 3-3 所示。澳柯玛车专用插头如图 3-4 所示。

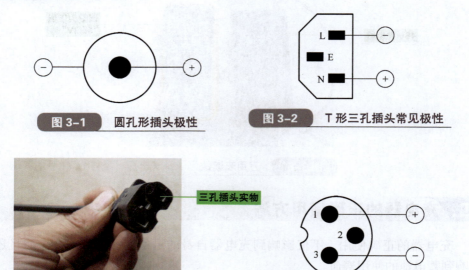

图 3-1　圆孔形插头极性

图 3-2　T形三孔插头常见极性

图 3-3　三孔插头实物

图 3-4　澳柯玛车专用插头

名师指导

48V 充电器直流输出插头正负极的判断技巧。

将万用表置于直流 200V 档，将充电器插上交流电，测量充电器的直流输出插头，如果万用表显示屏显示为负值（"-××V"）电压，表示红表笔所接插头为负极，如图3-5所示。如果万用表显示屏显示为正值（"××V"）电压，表示红表笔所接插头为正极，如图3-6所示。

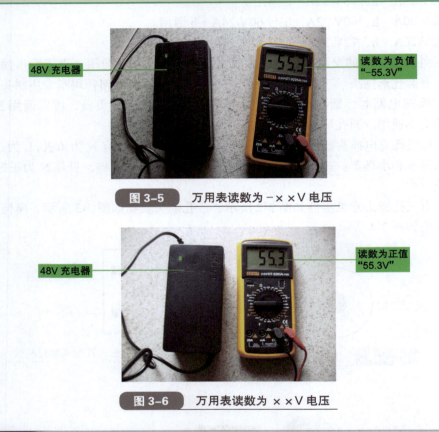

图3-5　万用表读数为-××V电压

图3-6　万用表读数为××V电压

四、充电器的正确使用方法

充电器的正确使用，不仅影响到充电器自身的可靠性和使用寿命，而且还会影响到蓄电池的使用寿命。

1. 充电器的使用方法

充电时，先插蓄电池插头，然后插上市电插头。充电时，充电器的电源指示灯显示红色，充电指示灯也显示红色。充电指示灯变为绿色后表示蓄电池已基本充满，如不急用，可再浮充1～2h。新蓄电池放完电后，充电时间为6～8h，实际使用中应根据每天的骑行距离、蓄电池放电情况而定。充足电后，先切断市电，后拔下蓄电池插头。如果在充电时先拔蓄电池插头，特别是充电电流大（红灯

第三章 充电器故障及维修方法

时，非常容易损坏充电器。插上蓄电池充电插头如图 3-7 所示。插上 220V 交流电插头如图 3-8 所示。充电器充电实物如图 3-9 所示。

图 3-7　插上蓄电池充电插头

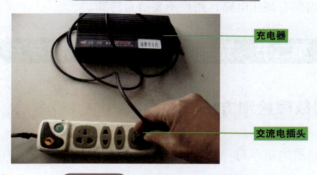

图 3-8　插上 220V 交流电插头

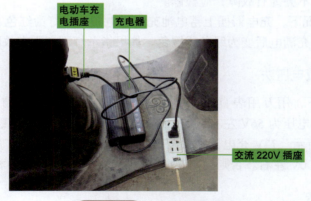

图 3-9　充电器充电实物

2. 充电器使用注意事项

1) 当取下蓄电池时，**注意：不要用手或金属制品去触摸蓄电池的两个电极触**

头,以免受伤。另外蓄电池应平放,注意不要倒置。

2)应将充电器放置在干燥、通风良好的环境下使用,并需防潮、防湿。充电器工作时会产生一定的热量,充电器底部或四周严禁放置易燃物品,如塑料或泡沫等。如果在充电时闻到异味或充电器外壳温度过高,应立即停止充电,检查修理。

3)充电时,蓄电池及充电器应放置在儿童触及不到的安全地方。

4)使用或存放充电器时,应防止任何液体或金属屑粒等进入充电器内部。防止跌落及撞击,以免造成充电器损坏。

5)充电器属于较精密的电子设备,因此,在使用中要注意防振动。尽量不要随车携带,如确需携带,应将充电器用减振材料包装好后放置于车上工具箱内,并应注意防雨。

6)充电器内部有高压电路,用户不要擅自拆卸。

第二节 充电器故障检测和维修方法

一、充电器故障检测方法

1. 观察充电器的指示灯

1)正常情况下,充电器空载时电源指示灯为红色,充电指示灯为绿色或橙色。如果指示灯不亮为有故障,应检修。

2)正常情况下,充电器插上蓄电池充电时电源指示灯为红色,充电指示灯刚充电时为红色,充满电后变为绿色或橙色。如果指示灯不亮为有故障,应检修。

2. 测量空载电压法

正常情况下,用万用表直流200V档,测量充电器的直流输出端空载电压,48V充电器空载电压为56V左右,如图3-10所示。60V充电器空载电压为72V左右,如图3-11所示。72V充电器空载电压为87V左右,如图3-12所示。84V充电器空载电压为100V左右。否则说明充电器有故障,应检修或更换相同型号。

3. 测电流法

将万用表置于直流20A档,红表笔插入20A插孔,把万用表表笔串接在充电器与蓄电池之间的任一根引线上,观察万用表的读数。正常情况下,48V/12A·h充电器充电电流在1.8A左右,48V/20A·h充电器充电电流在2.8A左右,如电流过小或过大均为充电器有故障。测电流法示意图如图 3-13 所示。

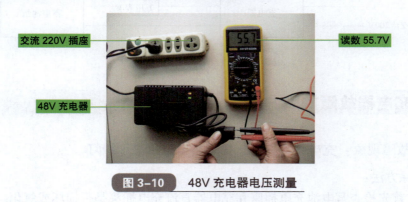

图 3-10　48V 充电器电压测量

图 3-11　60V 充电器电压测量

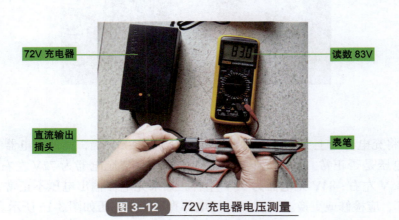

图 3-12　72V 充电器电压测量

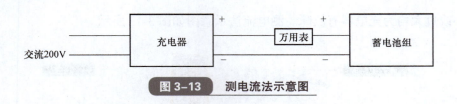

图 3-13　测电流法示意图

二、充电器故障排除方法

1. 故障现象：充电器不充电，插上蓄电池后显示绿灯

排除方法：

1）首先检查蓄电池充电插座和充电器直流充电插头是否损坏或氧化。如果是应更换新件。

2）使用万用表的直流 200V 档测量蓄电池的充电插座，应有与蓄电池组一致的电压。48V 蓄电池组电压在 48～54V；60V 蓄电池组电压在 60～67.5V；72V 蓄电池组电压在 72～81V；84V 蓄电池组电压在 84～94.5V。如果蓄电池组电压异常，应打开蓄电池盒检查蓄电池及连线。测量 60V 蓄电池组电压如图 3-14 所示。

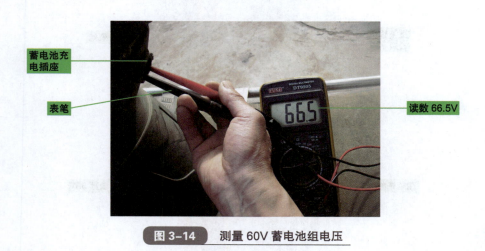

图 3-14　测量 60V 蓄电池组电压

3）将充电器插上交流电，使用万用表的直流 200V 档，测量充电器的直流输出插头电压是否正常。48V 充电器为 56V 左右；60V 充电器为 72V 左右；72V 充电器为 85V 左右；84V 充电器为 98V 左右。如果充电器输出电压不正常，说明充电器损坏，应检修或更换。测量 60V 充电器直流输出电压如图 3-15 所示。

第三章　充电器故障及维修方法

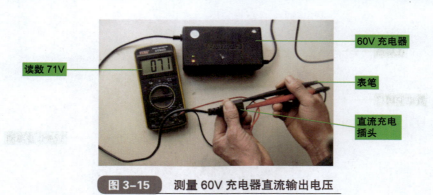

图 3-15　测量 60V 充电器直流输出电压

> **名师指导**
>
> 　　电动自行车新国标实施后,新生产的电动自行车充电器插上交流电,不插蓄电池组插头时,直流输出端测量无电压。换句话说就是充电器空载时无输出,只有当充电器插上蓄电池充电时,充电器才开始供电,红色充电指示灯点亮,此时才有充电电流。

　　4)使用万用表的蜂鸣器档测量充电器直流输出熔丝(有的厂家使用细铜箔代替熔丝)是否烧坏,若充电器各指示灯均不亮,需更换熔丝。

2. 故障现象:充电器充电 10h,不转绿灯

排除方法:

　　1)此种故障大多发生在蓄电池使用一年以后,首先检查充电器型号与蓄电池组是否一致。

　　2)然后测量充电器的直流输出端,看输出电压是否过高。

　　3)充电时间超过 10h,充电状态指示灯仍不转绿灯,说明蓄电池缺液,应由蓄电池保养专业人员适当加入补充电解液。

　　4)用一字螺钉旋具撬开蓄电池上盖,打开安全阀,用注射器(要取下铁针头)对每个孔加入 5~10mL 补充液(密度为 $1.03g/cm^3$),加到覆盖极板即可。加入补充液如图 3-16 所示。

3. 故障现象:充电器充电时间短,不足 3h 就变为绿色,电动自行车行驶里程短

排除方法:

　　1)充电器性能指标变坏,内部电子元件老化,参数发生飘移。应更换新的同型号充电器试验。

图 3-16 加入补充液

2）如果更换充电器后故障依旧，说明充电器无故障，故障大多为蓄电池组内某个蓄电池断格或单个蓄电池不均衡，可以使用万用表和蓄电池容量测试仪进行检查，如果找不到故障，可以使用蓄电池放电仪对蓄电池进行单个放电，排除单个故障后，说明蓄电池老化，应更换整组蓄电池。使用万用表测量每个蓄电池如图 3-17 所示。

图 3-17 使用万用表测量每个蓄电池

4. 故障现象：充电器充电时，红绿指示灯都不亮

排除方法：

1）用万用表交流档测量交流 220V 插座有无电压，如无电压检查电源插座。如图 3-18 所示。

2）拔下充电器电源线，打开充电器外壳，用万用表蜂鸣器档测量交流电源进线是否断路，如果断路应更换新线，两条交流电源线无正负极之分，可以任意插线，如图 3-19 所示。

图 3-18　测量交流 220V 插座

图 3-19　测量交流 220V 进线

3）使用万用表蜂鸣器档测量交流 220V/3A 熔丝是否熔断，如果损坏，应更换相同规格的熔丝，如图 3-20 所示。

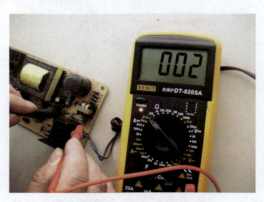

图 3-20　测量交流输入熔丝

名师指导

检修交流熔丝熔断故障时,如果更换相同型号的熔丝后,仍然熔断,说明后续电路有短路故障,应进一步检查4个整流二极管和开关场效应晶体管是否短路,如果短路,应更换相同型号的元器件即可排除故障。

5.故障现象:充电器充电时,有时充电,有时不充电

排除方法:

1)首先检查充电器充电插头和电动车充电插座是否烧坏,插头内铜片是否氧化和烧坏。如果损坏应更换新件。检查充电器充电插头如图3-21所示。

图 3-21　检查充电器充电插头

2)如果故障依旧,检查充电器的输入和输出线是否有断路。可以使用万用表蜂鸣器档测量。测量充电器直流输出线通断如图3-22所示。

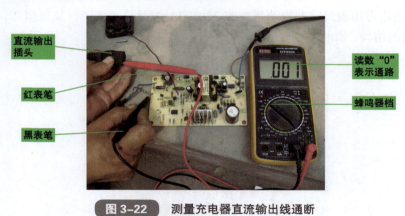

图 3-22　测量充电器直流输出线通断

3)拆开充电器外壳,观察电路板上每个焊点,重点检查开关管、开关变压器等大元件的引脚是否有开焊。如果有开焊点,进行补焊,如图3-23所示。

第三章　充电器故障及维修方法

图 3-23　对充电器进行补焊

第四章

控制器故障及维修方法

第一节 控制器外部接线方法和工作原理

一、控制器的作用

1）调速功能：根据转把的输出信号对电动自行车实现无级调速。

2）刹车断电功能：当刹车时，控制器自动切断电动机的供电，实现刹车断电。

3）蓄电池欠电压保护：当单个蓄电池电压降至欠电压保护值 10.5V 时，控制器断开电动机供电，从而保护蓄电池。36V 蓄电池欠电压保护值为 31.5V，48V 蓄电池欠电压保护值为 42V，60V 蓄电池欠电压保护值为 52.5V。

4）限流保护：大电流自动保护，当电流超过额定值时，能自动限制电流的输出，从而保护电动机线圈。

5）限速功能：当电动自行车超过规定车速时，控制器的限速保护电路能限制车速在规定车速内。

6）车速显示功能：控制器的车速显示功能可显示行驶速度。

二、无刷控制器与外接部件的连接方法

无刷控制器的外部引线较多，其内部电路与有刷控制器相比较复杂。无刷控制器的外接引线功能如图 4-1 所示。

1. 无刷控制器与蓄电池的连接

控制器的电源正极红色线对应蓄电池的正极线，将电源锁一端接在蓄电池的红色正极线上，另一端接在无刷控制器的电源锁细橙（细红）引线上。控制器的电源负极黑色线对应蓄电池的负极线，连接时注意正负极不可接反，否则会烧坏控制器。

第四章　控制器故障及维修方法

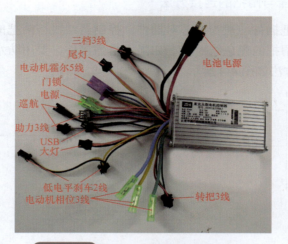

图 4-1　无刷控制器的外接引线功能

无刷控制器与蓄电池的连接方法如图 4-2 所示。

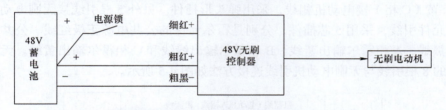

图 4-2　无刷控制器与蓄电池的连接方法

2. 无刷控制器与转把的连接方法

控制器与转把插件一般为三芯对插件，其中红色 +5V 线与转把红色供电线对接；黑色负极线与转把黑色线对接；蓝色（或绿色）信号线与转把蓝色（或绿色）信号线对接。如果不是插接件要用防水胶带封好。控制器与转把连接方法如图 4-3 所示。

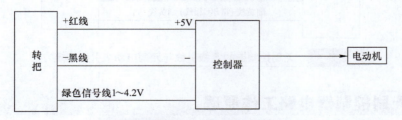

图 4-3　控制器与转把连接方法

85

3. 无刷控制器与闸把的连接方法

控制器与闸把插件一般为两芯对插件。控制器红线与闸把的红色线对接，控制器的黑色线与闸把的黑色线对接。如果不是插接件，要用防水胶带封好。控制器与闸把的连接方法如图 4-4 所示。

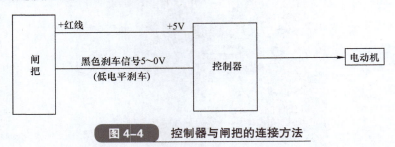

图 4-4　控制器与闸把的连接方法

4. 无刷控制器与电动机的连接方法

无刷控制器与无刷电动机对接共有 8 根引线，其中三根粗线蓝（A 相）、绿（B 相）、黄（C 相）接电动机相线，采用弹头形插件。另外 5 根引线接无刷电动机的霍尔元件引线，采用 5 芯插件，分别是霍尔元件的公共电源正极红线、公共电源负极黑线、A 相霍尔输出蓝线、B 相霍尔输出绿线和 C 相霍尔输出黄线。无刷控制器的 8 根引线与无刷电动机引线连接方法如图 4-5 所示。

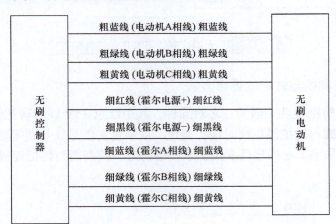

图 4-5　无刷控制器的 8 根引线与无刷电动机引线连接方法

三、无刷控制器电路工作原理

无刷控制器与外部件连接方法，如图 4-6 所示。

第四章 控制器故障及维修方法

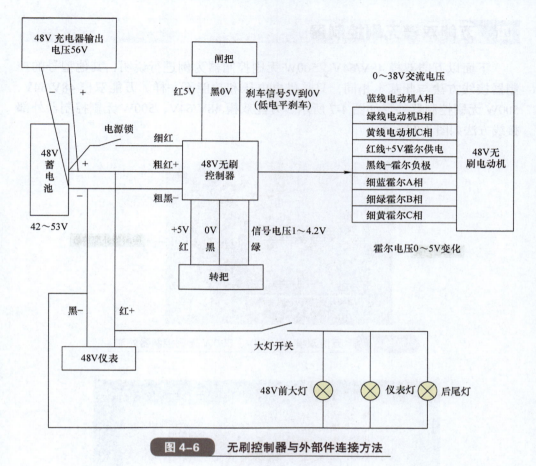

图 4-6 无刷控制器与外部件连接方法

工作过程如下：

当用户打开电源锁后，仪表上得到供电，电源指示灯亮，显示蓄电池电量。同时控制器也得到供电。此时，电动机不转，但是控制器输出 5V 电压给转把内的霍尔元件供电，同时输出 5V 电压给电动机内霍尔供电。

当用户旋转转把时，转把信号线输出 1～4.2V 电压，此电压传递给控制器，控制器的零起动功能使电动机起动。电动机起动后，其内部磁钢转动，使霍尔传感器产生对应的位置信号，使霍尔元件输出 0～5V 的开关信号电压，此信号传递给控制器，控制器的三相引线输出 0～38V 由低到高的交流电压，此电压供给电动机线圈，电动机开始由慢到快旋转。

当用户手捏闸把时，控制器得到 5V 到 0V（低电平刹车）的刹车信号电压，断开电动机供电，电动机停止运转，起刹车断电作用。

四、万能双模无刷控制器

下面以万能双模 48V/64V、500W 无刷控制器为例进行说明,其他型号的控制器接线方法与此基本相同,只是供电电压和功能不一样。万能双模 48V/64V、500W 无刷控制器外形如图 4-7 所示。万能双模 48V/64V、500W 无刷控制器外部接线方法如图 4-8 所示。

图 4-7　万能双模 48V/64V、500W 无刷控制器外形

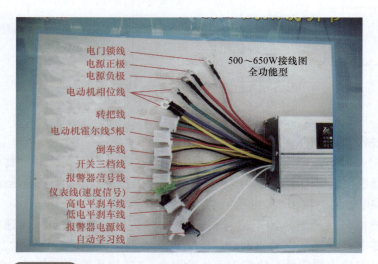

图 4-8　万能双模 48V/64V、500W 无刷控制器外部接线方法

1. 有、无霍尔自适应

(1) 有、无霍尔全自动适应

有霍尔驱动与无霍尔驱动之间自动切换,同时具备自学习功能(无学习过程,

在骑行过程中自动学习），特别适合于维修市场。不管是用120°电动机还是60°电动机，也不管霍尔线和相线如何接，只要正确地把功能线接好，所有的事情控制器都会自动做好。如果转动方向不对，拔插一下学习线即可。

（2）固定相位自适应

对于整车生产厂家，如果所配的电动机是标准的，那就可以直接使用控制器默认的相位，如果电动机在运行过程中霍尔出现异常，系统会自动切换到无霍尔驱动模式；如果霍尔故障排除，系统会自动恢复到有霍尔工作模式。

2. 48~64V 自适应

控制器能自动识别蓄电池电压，正确锁定欠电压保护值。

3. 防盗功能

（1）非外接防盗器

关闭电门锁，系统会自动进入防盗状态，如果控制器检测到电动机往前转，则往后加力，反之亦然。

（2）外接防盗器

控制器在接收到有效防盗信号后，进入防盗状态，如果控制器检测到电动机往前转，则往后加力，反之亦然。

4. 软欠电压和欠电压保护功能

当蓄电池电压不足又没达到欠电压保护时，如果持续大电流输出，蓄电池内阻以及线阻会产生比较大的压降，导致控制器马上欠电压保护。针对这种情况，控制器在蓄电池电压低于44V时，限流值会随着蓄电池电压的降低而减小，因此控制器能够继续以小电流形式运行，有效提升了电动车的续行里程。当蓄电池电压低于欠电压保护点后，就关断输出，保护蓄电池。

5. 倒档功能

按下倒档开关后，控制器停止向前输出并且开始检测电动机转动速度，当检测到电动机转速减到零，而且转把重新回零再转后，控制器开始控制电动机反转。反转最高转速为正转最高转速的30%（可根据用户设定）。

6. 普通刹车和电子刹车以及刹车反充电功能

控制器有普通刹车和电子刹车功能，电子刹车有软刹车功能，而且刹车时能将电动机产生的电能返充到蓄电池，从而达到节能的目的，极大延长续行里程。

7. 各种保护功能

相线短路保护、堵转保护、欠电压保护、过电流保护、缺相保护、MOS短路保护、上电转把不为零保护（防飞车）、刹车故障保护等。

8. 手动、自动巡航功能

用户可选择手动、自动巡航功能。当电动车运行到一定速度时，用户可保持手把固定8~10s进入自动巡航状态，也可以选择手动按键巡航。进入巡航状态后，电动车将按固定速度行驶，直到解除巡航为止。解除巡航方式有刹车解除、转动手把解除、按键解除等。

9. 助力功能

带有1+1助力插件，可实现助力功能，用户骑行时更省力、更方便。

10. 限速功能

带有限速插件，可实现限速功能。用户可根据需要限制电动车运行速度，接通限速选择线后手把最大输出车速不超过20km/h。

11. 变速功能、档位指示

客户可按照自己的需求设定车速，高速时可提速到原始车速的120%，中速为原始速度，低速为原始速度的90%。能显示高、中、低三种速度。

第二节　无刷控制器常见故障检修方法

一、无刷控制器损坏没有输出的检修方法

1）打开电源锁开关，观察仪表上的电源指示是否满电，如果满电，说明蓄电池基本正常。观察仪表上电量指示如图4-9所示。

2）如果仪表电量指示不亮或电量不足，应检查蓄电池和电源锁。将万用表置于直流电压200V档，测量控制器的粗红线和粗黑供电线是否有与蓄电池组一致的电压。如果没有电压，检查蓄电池和连线、控制器红色供电线的断路器（俗称空气开关）。其中蓄电池可以使用万用表和蓄电池测试仪检测；断路器可以目视观察和用万用表的蜂鸣器档测量。如果损坏应更换新件。如果电压正常，说明控制器已经供电。测量无刷控制器的红、黑供电线电压如图4-10所示。

第四章　控制器故障及维修方法

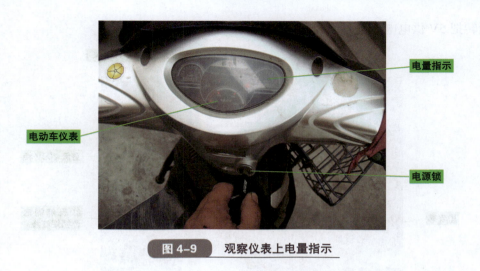

图 4-9　观察仪表上电量指示

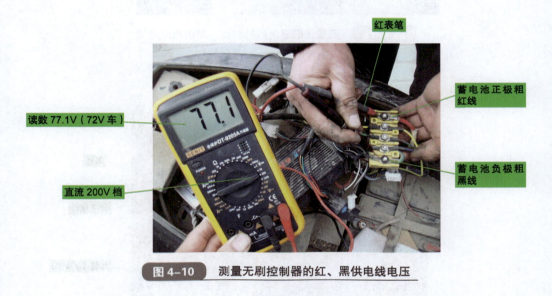

图 4-10　测量无刷控制器的红、黑供电线电压

3）打开电源锁，测量控制器的细红（或细橙）电源锁线与黑色负极线之间的电压。应有与蓄电池组一致的电压，若有说明控制器电源锁信号正常。

测量无刷控制器的细红、黑供电线电压如图 4-11 所示。

4）如果控制器供电和电源锁供电正常，拔掉左右闸把两芯插件，旋转转把试车，如果电动机旋转，说明闸把损坏，应更换新闸把。

5）测量转把的红、黑引线之间的电压，应有 5V 左右（一般要高于 4V）供电电压，如果无 5V 电压或低于 4V，说明控制器的 5V 输出损坏，应更换控制器。测

91

量转把 5V 供电电压如图 4-12 所示。

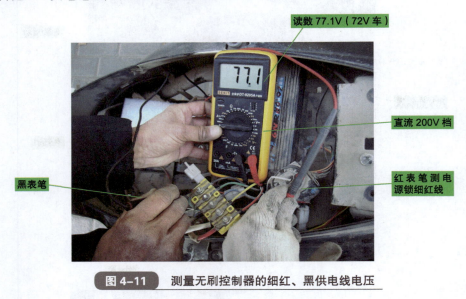

图 4-11　测量无刷控制器的细红、黑供电线电压

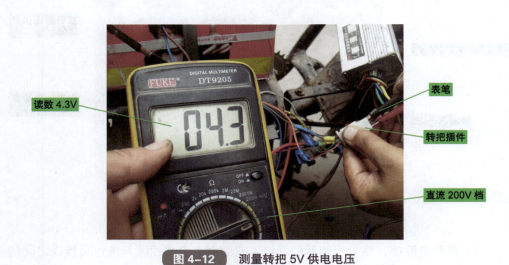

图 4-12　测量转把 5V 供电电压

6）如果转把 5V 供电正常，转动转把，测量转把的信号线与地线之间的电压，应在 1~4.2V（实测值 0.8~3.5V 即正常）之间变化，如果无电压变化，说明转把损坏，应更换新转把。对于转把损坏造成的控制器无输出的故障，可用镊子直接短接转把的红色电源线和绿色信号线，如果电动机高速运转，说明转把损坏。测

量转把信号线电压如图 4-13 所示。

图 4-13　测量转把信号线电压

7）检测电动机霍尔元件的好坏。打开电源锁，首先测量霍尔元件的红、黑供电线，应有 5V 左右的电压。如果没有，说明控制器损坏，应更换控制器。如果有 5V 电压，应进一步检查。用手慢慢地转动电动机，用万用表红、黑表笔分别接霍尔元件的蓝、绿、黄信号线与地线，电压应在 0~5V 之间变化，说明霍尔元件正常。如果电压在 0V 或 5V 不变，说明霍尔元件损坏，应更换电动机霍尔元件。电动机霍尔元件检测如图 4-14 所示。

图 4-14　电动机霍尔元件检测

名师指导

需要说明的是,原装电动车如果电动机霍尔元件损坏,控制器不会输出电压,电动机也不工作。对于霍尔元件的快速检测可以使用无刷电动车综合检测仪,即快又准确。目前,由于市场上大多使用万能无刷控制器,如果电动车霍尔元件损坏,一般不更换电动车霍尔元件,因为较费工。大多数维修人员采用更换万能控制器的方法。但是,更换万能无刷控制器,由于电动机在无霍尔状态下工作,电动机起步时会抖动,但当骑行开始后,电动车一切正常,不影响电动车骑行速度,这一点需向用户说明。

8)在转把和霍尔元件正常的情况下,将万用表置于交流 200V 档,转动转把,测量控制器与电动机的蓝、绿、黄任意两条相线的电压,应有 0~37V(48V 车,如果是 60V 车再加 12V)由低到高的交流电压。如无交流电压输出,说明控制器损坏,应更换同型号新的控制器,如图 4-15 所示。

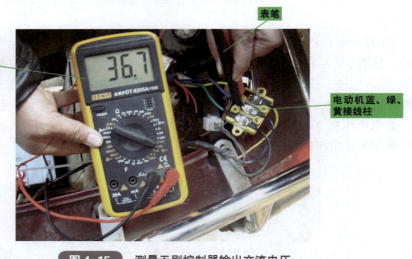

图 4-15　测量无刷控制器输出交流电压

二、无刷电动车飞车的检修方法

1. 无刷电动车飞车的原因

1)转把损坏。

2)控制器烧坏。

3)转把的红、绿线短路。

4）转把的黑色负极线断路。
5）控制器相线短路或漏电。

2. 无刷电动车飞车的检修方法

首先断开转把与控制器的 3 芯插件，如果不飞车，说明转把损坏，如果仍然飞车，说明控制器损坏。

如果排除了转把与控制器后，故障依旧，应进一步检查 3～5）项故障。对于断路可以使用万用表的蜂鸣器档测量，对于短路点可以目视顺引线一点点地查找排除故障。

三、无刷控制器好坏快速判断方法

一般无刷控制器损坏，大多是由于控制器内部的大功率 MOS 管（场效应晶体管）击穿短路，造成控制器损坏，可以用以下方法快速判断无刷控制器 MOS 管的好坏。

1）选用万用表二极管档，用红表笔接无刷控制器负极线，黑表笔依次测量无刷控制器电动机蓝、绿、黄三根相线，测得的结果大约在 550mV（因型号不同读数有差异），读数应基本一致，表示控制器基本正常，否则说明控制器损坏。需要说明的是，这种方法实际上是测量控制器内 MOS 管的好坏，因为控制器烧坏，大多为 MOS 管击穿短路。经过以上测量如果读数基本一样，只能说明控制器基本正常，不代表 100% 正常；但是读数不一样，例如某相读数显示为"0"，可确切判断控制器损坏。用万用表二极管档检测无刷控制器如图 4-16 所示。

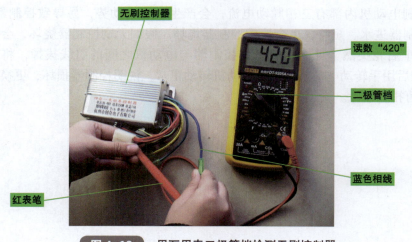

图 4-16　用万用表二极管档检测无刷控制器

2）使用"绿盟"牌 LY-2 无刷电动车综合检测仪检测无刷控制器。把原车无刷电动机与控制器的插头线一起断开，然后将检测仪五芯线公插头与控制器五芯线母插头对接牢固，五芯线插头与无刷电动机五芯线分插头对接牢固，检测仪的黄、绿、蓝三根子弹头线与无刷控制器的黄、绿、蓝三根粗相线对接牢固。打开电源锁，将转把转到最大位置，观察检测仪上对应的三组控制器检测指示灯，应有规律地依次交替闪亮，则控制器无故障。反之，若有一组指示灯长亮或不亮，证明该相线功率晶体管已损坏，也就是控制器损坏。用综合检测仪检测无刷控制器如图 4-17 所示。

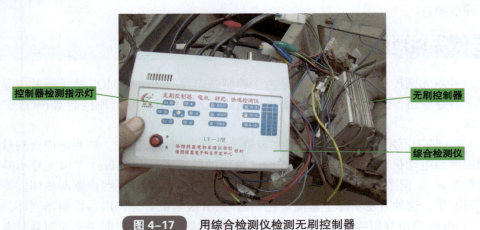

图 4-17　用综合检测仪检测无刷控制器

四、控制器烧坏，电动机卡死的检修

无刷电动机内部有三相脉动电流，会产生感应电动势，易导致控制器烧坏。如果控制器进水、短路，也会造成控制器烧坏。假如无刷控制器烧坏，会造成电动自行车后轮突然卡死。这时可将控制器与电动机之间的引线拔掉，将其"开路"，然后用手转动电动机，如果电动机转动正常，说明控制器损坏，更换新的控制器即可排除故障。

第五章
电动机故障及维修方法

一、无刷电动机的结构

目前，电动自行车和代步车大多采用直流无刷电动机。

无刷电动机由定子铁心和绕组、转子磁钢、电动机轴、左右端盖和轴承等部件组成。无刷电动机分解后如图5-1所示。

图 5-1　无刷电动机分解后

1. 定子铁心和绕组

定子是电动机静止不动的部分。定子上面有轴、绕组、3个霍尔元件。无刷电动机定子如图5-2所示。

2. 转子磁钢

无刷电动机转子就是旋转部分，转子上面有磁钢。磁钢一般做成瓦片状，按

N、S 进行排列，用环氧树脂胶粘在电动机转子上。无刷电动机转子如图 5-3 所示。

图 5-2　无刷电动机定子

图 5-3　无刷电动机转子

3. 霍尔元件

霍尔元件又称霍尔位置传感器，无刷电动机绕组上有 3 组线圈，所以有 3 个开关型霍尔元件。在这里，霍尔元件起位置传感器的作用，用于检测转子磁极的位置，它的输出控制定子绕组供电电路的通断，又起开关作用。当转子磁极离去时，使上一个霍尔元件停止工作，下一个霍尔元件开始工作。转子磁极总是面对磁场，霍尔元件又起改变定子电流的作用。霍尔元件在无刷电动机定子上的位置如图 5-4 所示。

第五章　电动机故障及维修方法

图 5-4　霍尔元件在定子上的位置

4. 端盖和轴承

左右端盖起支撑作用，端盖上安装有轴承。电动机轴和轴承起连接定子和转子的作用。端盖和轴承如图 5-5 所示。

图 5-5　端盖和轴承

二、无刷电动机与控制器的接线方法

无刷电动机共有 8 根引线，其中 3 根粗线蓝（A 相）、绿（B 相）、黄（C 相）是电动机相线（即三相绕组引出线）。另外 5 根引线是无刷电动机的霍尔元件引线，分别是霍尔元件的公共电源正极红线、公共电源负极黑线、A 相霍尔输出蓝线、B 相霍尔输出绿线和 C 相霍尔输出黄线。无刷电动机的 8 根引线如图 5-6 所示。

图 5-6　无刷电动机的 8 根引线

无刷电动机的 8 根引线必须和控制器相应引线按颜色一一对应连接，如果电动机正常旋转，说明电动机与控制器的相序对应。如果电动机不能正常转动，需要对电动机的蓝、绿、黄 3 根相线分别进行对调试车。如果电动机仍不能正常转动，还需要对霍尔元件的蓝、绿、黄 3 根引线分别进行对调试车。所以无刷电动机与控制器的连接需对调 6 次共有 36 种接法。这 36 种接法主要是针对早期生产的电动机与控制器，和整车厂家生产的电动机与控制器，目前维修人员大多采用万能双模控制器，自动识别电动机相序。

无刷电动机的 8 根引线与控制器对接示意图如图 5-7 所示。

无刷电动机	粗蓝线（电动机A相线）粗蓝线	无刷控制器
	粗绿线（电动机B相线）粗绿线	
	粗黄线（电动机C相线）粗黄线	
	细红线（霍尔电源+5V）细红线	
	细黑线（霍尔电源-5V）细黑线	
	细蓝线（霍尔A相线）细蓝线	
	细绿线（霍尔B相线）细绿线	
	细黄线（霍尔C相线）细黄线	

图 5-7　无刷电动机的 8 根引线与控制器对接示意图

无刷电动机的相角

无刷电动机的相角是无刷电动机相位代数角的简称,指无刷电动机各线圈在一个通电周期里绕组内部电流方向改变的角度,又称电角度。

电动自行车无刷电动机的相角有120°与60°两种。一般120°相角电动机的三个霍尔元件摆放位置是平行的,60°相角电动机的三个霍尔元件中的一个霍尔元件是呈翻转180°摆放的。120°与60°两种相角的霍尔元件摆放位置如图5-8所示。

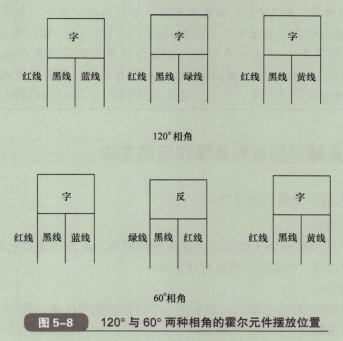

图 5-8　120°与60°两种相角的霍尔元件摆放位置

名师指导

60°和120°相角的无刷电动机,需要由与之相对应的60°和120°相角的无刷电动机控制器来驱动,不同相角的电动机与控制器不能互换。控制器生产厂家在生产无刷控制器时设计有封闭小线(或插件),一般是连接时120°,断开时60°,但实际使用时应以控制器上面的说明为准。

60°相角的无刷电动机与60°相角控制器通过调整绕组引线的相序和霍尔引线的相序,有两种正确接法使电动机旋转,一种正转,一种反转。

120°相角的无刷电动机与120°相角的控制器通过调整绕组引线的相序和

霍尔引线的相序，有6种正确接法使电动机旋转，其中3种接法使电动机正转，另外3种接法使电动机反转。

判断电动机的相角有以下几种方法：

1）观察电动机内霍尔元件的摆放情况，通过霍尔引线红线的位置就可做出判断，此法只有在打开电动机维修时才能看到。

2）察看无刷控制器的标签，因为无刷控制器要与无刷电动机相序对应才能正常旋转。

3）用"绿盟"牌LY-2无刷电动车综合检测仪检测判断。如果是60°无刷电动机，测量出的霍尔真值信号应该是100、110、111、011、001、000（1表示开，0表示关）。如果是120°无刷电动机，测量出的霍尔真值信号应该是按照100、110、010、011、001、101的规律变化，这样霍尔元件引线的通电相序就可以判断出来了。在维修实践当中，我们只需要知道120°无刷电动机的相序就可以了。

三、无刷电动机的常见故障和维修方法

1. 电动机磁钢脱落的维修方法

（1）故障现象

磁钢常见的故障是由于电动机进水使磁钢脱落，故障表现是电动机无力、电动机卡住、转速慢、带载能力差或有异常噪声。

（2）判断方法

① 用手慢慢地转动电动机，如果在一个位置感觉很沉重，另一个位置感觉很轻，可判断磁钢脱落，如图5-9所示。

图5-9　磁钢脱落的判断

② 打开电源锁，转动转把试转电动机，听电动机发出的声音，如果磁钢脱落，

第五章　电动机故障及维修方法

能听到电动机有异常噪声。

（3）维修过程

① 拆开电动机，检查磁钢是否脱落或损坏，检查时要仔细，因为磁钢脱落后有时在原位置不动，不易发现，检查时可用皮锤敲击试验。如果磁钢脱落，需重新用AB胶粘牢。

② 小心取下旧磁钢，如果磁钢脱落多块，最好的方法是取下一块粘牢后，再取下另一块并粘牢，以防磁钢损坏或顺序搞乱。如果顺序搞乱，应按N、S顺序排列进行粘接。方法是从磁钢的侧面进行吸引试验，如果相互吸引，可以进行粘接；如果相互排斥，需更换另一块；如果磁钢损坏，要更换新磁钢。然后用砂布打磨并清理旧磁钢及定子上的杂物。用砂布打磨如图5-10所示。

图5-10　用砂布打磨

③ 首先把AB胶按1:1比例调好，将AB胶涂在转子上，把磁钢放在原位置粘牢。粘牢磁钢如图5-11所示。

图5-11　粘牢磁钢

2. 电动机扫膛的维修方法

（1）故障现象

定子和转子之间有空气隙，一般应在0.2~1mm，空气隙越小越好。电动机扫膛就是电动机定子与转子相碰。电动机扫膛后，会造成电动机发热并发出异常噪声。

（2）电动机扫膛的原因

① 轴承磨损或破裂。

② 轴承走内圆或走外圆。

③ 电动机轴弯曲。

④ 电动机加工公差太大。

⑤ 电动机装配质量差。

（3）避免电动机扫膛的措施和维修方法

① 选购高质量电动机。

② 选用高质量的轴承，按规定定期检查、加注或更换润滑脂，如果轴承损坏，应更换新轴承。

③ 电动机轴变形需校正轴，如果无法校正则要换新轴。

3. 电动机空载电流大的维修方法

（1）故障现象

电动机空载电流大一般表现为蓄电池放电过快、行驶里程减短，并伴有电动机发热现象。

（2）判断方法

将万用表置于直流 20A 档，将红、黑表笔串联在控制器的电源输入端。打开电源，在电动机不转动的情况下，记录下此时万用表显示的最大电流数值 I_1。转动转把，使电动机高速空载转动 10s 以上。等电动机转速稳定以后，观察并记录此时万用表显示的最大数值 I_2，如图 5-12 所示。电动机的空载电流 = $I_2 - I_1$。将计算的数值与表 5-1 进行对照，一般电动机的空载电流不应超过 2A。如果电动机的空载电流大于表 5-1 所列数值，说明电动机出现故障，需打开电动机进行检修。

图 5-12　电动机的空载电流测量

第五章　电动机故障及维修方法

表 5-1　各种电动机的无故障最大极限空载电流

电动机形式	额定电压 24V	额定电压 36V	额定电压 48V
有刷有齿电动机	1.7A	1.0A	0.6A
有刷无齿电动机	1.0A	0.6A	0.4A
无刷有齿电动机	1.7A	1.0A	0.6A
无刷无齿电动机	1.0A	0.6A	0.4A
侧挂电动机	2.2A	1.8A	1.4A

（3）故障原因

① 电动机内部机械摩擦大，例如电动机扫膛。

② 轴承损坏。

③ 电刷磨损、刷架损坏。

④ 磁钢脱落、损坏。

⑤ 绕组局部短路。

（4）检修方法

对于电动机空载电流大的故障，要查出原因，采取相应的方法进行检修。

4. 电动机轴承损坏的维修方法

（1）故障现象

轴承损坏会造成电动机有较大噪声，严重时会造成定子扫膛、电动机壳体严重发热等现象。

（2）判断方法

首先从电动自行车上卸下电动机，打开电动机端盖，将左手指插入轴承内孔，用右手转动端盖，检查轴承是否损坏，如图 5-13 所示。

图 5-13　检查轴承

（3）维修方法

① 如果轴承在电动机轴上，则需用拉力器取下旧轴承。如果轴承在电动机端盖上，把端盖放在木板下，将螺钉旋具对住轴承内径，用锤子击打螺钉旋具，可将轴承取下。取下旧轴承如图 5-14 所示。

图 5-14　取下旧轴承

② 把同牌号新轴承放在端盖轴承位置上，用铁锤柄击打轴承，使轴承到位。不论轴承从轴上取下或是从端盖上取下，都要把轴承安装在端盖上。轴承的安装如图 5-15 所示。

图 5-15　轴承的安装

5. 无刷电动机霍尔元件损坏的维修方法

（1）故障现象

无刷电动机霍尔元件有 1 个损坏，会造成电动机缺相，表现为电动机乏力、转速低。如果 2 个或 3 个霍尔元件损坏，会造成电动机不转的故障。

（2）判断方法

① 使用数字万用表二极管档，红表笔接霍尔元件的黑色负极线，黑表笔依次

测量霍尔元件的蓝、绿、黄引线，读数应在"623"左右（因型号不同测量结果有差异）。如果测量结果为"0"，说明霍尔元件击穿；如果测量结果为"1"，说明霍尔元件断路。用万用表二极管档测量霍尔元件如图5-16所示。

图5-16　二极管档测量霍尔元件

② 用"绿盟"牌LY-2无刷电动车综合检测仪进行检测，方便快捷。将电动机霍尔元件插入检测仪，转动电动机，若各个指示灯依次闪亮，说明霍尔元件正常；如果检测灯出现长亮或者不亮，则表明该路霍尔元件损坏，如图5-17所示。

图5-17　用综合检测仪检测霍尔元件

（3）检修过程

① 如果霍尔元件损坏，为了保证电动机换相精确，需将3个霍尔元件同时更换。首先记住原霍尔元件红线（即电源脚）的安装位置，然后将霍尔元件引脚与引出线剪断，并用小号一字螺钉旋具拆掉旧霍尔元件，清理霍尔元件安装槽。拆掉旧霍尔元件如图5-18所示。

图 5-18　拆掉旧霍尔元件

② 按原位置将霍尔元件放在凹槽内，并用 AB 胶粘牢，如图 5-19 所示。

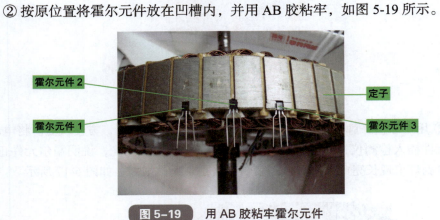

图 5-19　用 AB 胶粘牢霍尔元件

③ 用 50W 以内的电烙铁将新霍尔元件引脚焊上，然后将 5 根引线分别焊好，焊接前要先在霍尔元件引脚上套上绝缘管，以防霍尔元件引脚短路，如图 5-20 所示。

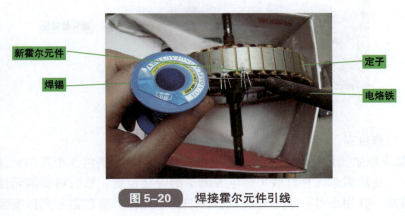

图 5-20　焊接霍尔元件引线

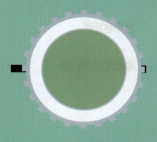

第六章

特殊部件的原理和维修方法

第一节 附属电子部件的原理和维修方法

一、转把的工作原理和维修方法

1. 转把的工作原理

转把的作用是调整电动机转速，所以转把又叫调速转把。目前电动车上普遍采用霍尔型转把。转把由霍尔元件、磁钢、复位弹簧和胶木组成。转把的组成如图 6-1 所示。

图 6-1 转把的组成

转把的 3 根引出线就是霍尔元件 3 个引脚的引出线，分别是红色电源 +5V 线、黑色公共地线、绿色（或蓝色、白色）转把信号线。

霍尔型转把 3 根引出线如图 6-2 所示。

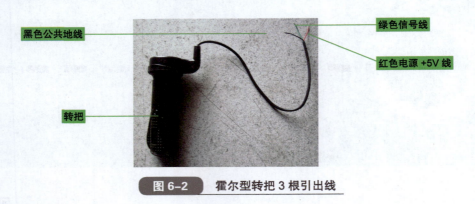

图 6-2　霍尔型转把 3 根引出线

2. 转把与控制器的连接方法

转把的 3 根引出线红、黑、绿分别与控制器的转把 3 芯插件红、黑、绿对接。需要说明的是，有的整车厂家用黄色线作为公共线，绿色信号线用蓝色线。接线方法如图 6-3 所示。

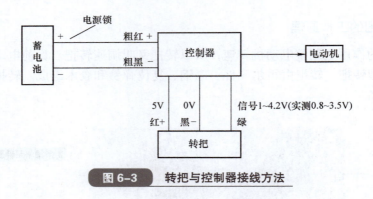

图 6-3　转把与控制器接线方法

3. 转把故障现象

转把出现故障，电动车会出现以下现象：
1）电动机不转。
2）电动车时走时停。
3）电动车转速低。
4）电动车飞车。

4. 转把维修方法

（1）测量转把输出电压

打开电源锁，将万用表置于直流 20V 档，首先测量转把的红、黑供电线电压，应在 5V 左右（一般要求在 4V 以下），如图 6-4 所示。然后转动转把，测量绿色信号线与黑色地线之间是否有 1～4.2V（实测 0.8～3.5V）的电压变化，如图 6-5 所示。如果转把输出电压正常，说明转把无故障，否则说明转把损坏。

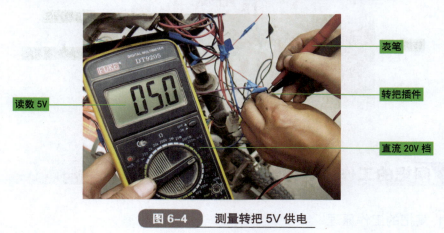

图 6-4　测量转把 5V 供电

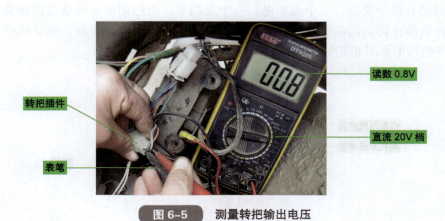

图 6-5　测量转把输出电压

（2）用电动车综合检测仪检测

使用 LY-2 无刷电动车综合检测仪的转把检测功能检测转把的好坏，既简单又快速。综合检测仪的转把检测如图 6-6 所示。

（3）替换法检查

对于转把时好时坏、转速低的故障，也可用替换法检查，就是直接用新的转把接上试转，如果转速正常，说明原转把损坏。

（4）断开法检查

对于电动车飞车的故障，可以断开转把与控制器的 3 根引线后试车，如果不再飞车，说明转把损坏。

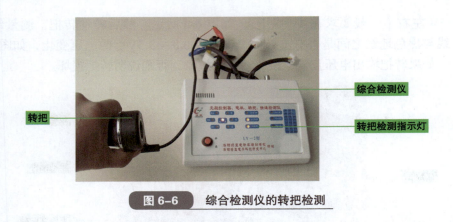

图 6-6　综合检测仪的转把检测

二、闸把的工作原理和维修方法

1. 闸把的工作原理

闸把有两个功能，一个是断电，一个是刹车。闸把刹车信号通过控制器向电动机发出停止转动的信号，同时闸把上的机械刹车线制动刹车块，电动机停止转动。闸把外形如图 6-7 所示。

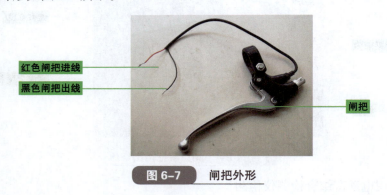

图 6-7　闸把外形

2. 闸把与控制器接线方法

闸把有两条引出线，一条红色进线和一条黑色出线。闸把与控制器相接有两种接法，一种是低电平刹车信号，一种是高电平刹车信号。现在生产的万能控制器一般都配有两种刹车信号线，即低电平刹车线和高电平刹车线。低电平刹车线控制器上有两条引线，高电平刹车线控制器上有一条引线。

1）如果是低电平刹车，控制器上有红、黑两条刹车引出线，分别与闸把的红、黑线对接即可。闸把与低电平刹车控制器接线图如图 6-8 所示。

第六章　特殊部件的原理和维修方法

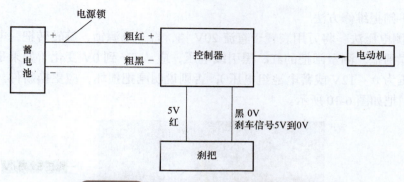

图 6-8　闸把与低电平刹车控制器接线图

2）如果是高电平刹车控制器，控制器上一般只有一条刹车引出线，一般用蓝色线。将这条高电平刹车线与闸把的黑色线对接，同时闸把黑色线要与刹车灯线相接，然后将闸把红色线与转换器的 12V 输出线（如果车上没有转换器，则为蓄电池组红色引线）对接。当捏闸把时，闸把开关导通，将 12V 刹车信号发送给控制器，控制器断开电动机供电，同时刹车灯点亮。闸把与高电平刹车控制器接线图如图 6-9 所示。

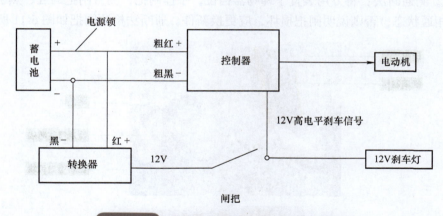

图 6-9　闸把与控制器的高电平刹车线接法

3. 闸把故障和维修方法

（1）闸把常见故障

闸把损坏电动自行车故障现象如下：

① 刹车不断电。

② 经常断电，造成电动机不转。

③ 电动机时转时停。

（2）闸把维修方法

① 测电压法：将万用表置于直流20V档，打开电源锁，旋转转把，电动机转动，手捏闸把，测量闸把的红、黑引线电压，应从5V到0V变化（如果是高电平刹车电压为0~12V或蓄电池组电压），否则说明闸把损坏，应更换新件。测电压法检测闸把如图6-10所示。

图 6-10　测电压法检测闸把

② 测通断法：将万用表置于蜂鸣器档位，手捏闸把，测量闸把的红、黑引线，应为相通状态，否则说明闸把损坏，应更换新件。通断法检测闸把如图6-11所示。

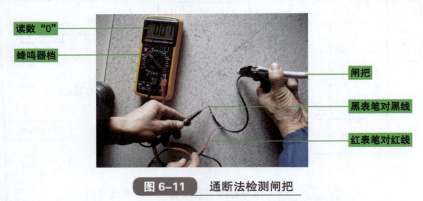

图 6-11　通断法检测闸把

③ 断开法：如果闸把经常断电造成电动机不转，断开闸把引线，如果电动机旋转正常，说明闸把损坏，应更换新件。

三、转换器接线与维修方法

1. 转换器作用和接线方法

转换器的作用是将蓄电池组的48V、60V或72V电压转换成12V电压（空载测量在 12～13.5V）供给灯具和喇叭使用。转换器有三条引线，红线是蓄电池电源输入线，接电源锁后的蓄电池红色线，黑线是公共负极线，接蓄电池组黑色负极线，另一条是黄色（或白色）+12V 输出线，接灯具和喇叭正极线。转换器外形如图 6-12 所示。转换器在整车上的接线方法如图 6-13 所示。

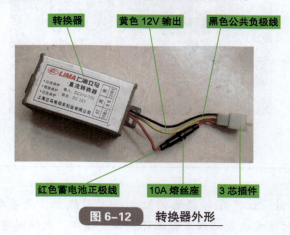

图 6-12 转换器外形

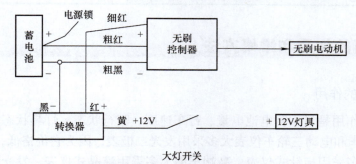

图 6-13 转换器在整车上的接线方法

2. 转换器故障和维修方法

（1）转换器的常见故障

转换器的常见故障是不能输出 12V 电压，如果电动自行车中灯具和喇叭都不工作，说明转换器损坏。

（2）转换器的检测方法

将万用表置于直流 200V 电压档位，打开电源开关，首先测量转换器的输入引线，应与蓄电池组的电压一致，然后测量转换器的输出线，应有 12V 左右的电压，若有说明转换器正常，否则说明转换器损坏，应更换新件。测量转换器的输出线电压如图 6-14 所示。

转换器 3 芯插件
表笔
转换器
读数 13.8V
直流 200V 档

图 6-14　测量转换器的输出线电压

名师指导

　　检修转换器时，注意在转换器的红色输入引线上，大多数厂家都安装有 10A 熔丝，检修时注意检查熔丝是否损坏，如果损坏，更换同型号熔丝。

四、仪表的作用和维修方法

1. 仪表的作用

　　仪表的作用是显示蓄电池电量、行车速度、骑行状态、灯具状态等。目前国标电动自行车和电动三轮车仪表大多采用发光二极表，因为它价格低，显示清晰。中端车型大多采用指针式仪表。高端车型大多采用液晶式仪表。发光二极管仪表外形如图 6-15 所示。指针式仪表外形如图 6-16 所示。液晶式仪表外形如图 6-17 所示。

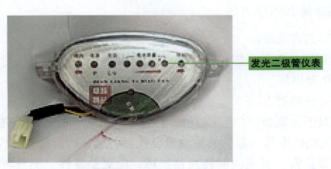

发光二极管仪表

图 6-15　发光二极管仪表外形

第六章 特殊部件的原理和维修方法

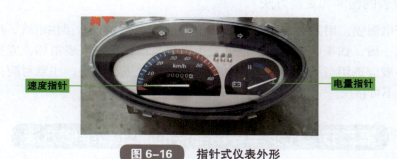

图 6-16　指针式仪表外形

图 6-17　液晶式仪表外形

2. 仪表的接线方法

仪表的红色电源线接电源锁后正极线，黑（或绿）色线接蓄电池组黑色负极线。按供电电压分有48V仪表、60V仪表和72V仪表等。仪表的接线方法如图6-18所示。

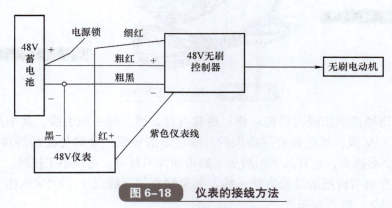

图 6-18　仪表的接线方法

117

3. 仪表的检测和更换方法

打开电源锁，用万用表直流 200V 电压档测量仪表的红、黑供电线，应与蓄电池组电压一致，如果电压正常，但仪表无电源显示，说明仪表损坏，应更换新的仪表。一般应选用与原仪表外形和电压一样的仪表进行更换，注意对应正、负极电源线，不可接反。

第二节　代步车专用部件的原理和维修方法

代步车的工作原理与电动自行车基本一样，其电路大部分也与电动自行车一样，在实际维修中可以参照电动自行车的原理图和参数进行维修。只有个别配件与电动自行车不一样。

一、脚踏调速器

脚踏调速器是将电动自行车的调速转把做成脚踏调速器，可以使驾驶者解放双手，操作方便。脚踏调速器的工作原理与转把基本一样，也是通过霍尔元件和磁钢的作用产生感应电压，通过控制器调整电动机转速。脚踏调速器外形如图 6-19 所示。

图 6-19　脚踏调速器外形

脚踏调速器引出线与转把一样，通常有红、黑、绿 3 根引线。其中红色是霍尔元件的 +5V 线，黑色是公共负极线，绿色是信号线，分别与控制器对接。3 芯插件有一字形插头，也有品字形插头。如果插件不对应，可以手工接线。

维修方法与转把的维修方法一样，如果绿色信号线无 1～4.2V 电压，说明脚踏调速器损坏，应更换新件。

二、3 档调档开关

代步车有前进档、空档、倒车档三档，通常使用 3 档调档开关实现。3 档调档开关外形如图 6-20 所示。

图 6-20　3 档调档开关外形

3 档调档开关与电动自行车转把上的前进、倒车功能开关一样，接线时与控制器的前进、倒车线相接。

在维修时，可以用万用表蜂鸣器档测量开关的通断，如果不通说明调档开关损坏，应更换新件。

三、刮水器电动机

代步车一般安装有刮水器，刮水器由刮水器电动机带动。刮水器电动机一般采用 12V 电压供电。刮水器电动机外形如图 6-21 所示。

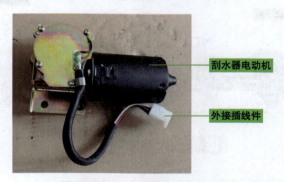

图 6-21　刮水器电动机外形

刮水器电动机的维修方法是将万用表置于直流 20V 档，打开刮水器开关，测量刮水器的两根供电线，应有 12V 电压。如果有电压，但刮水器电动机不工作，说明刮水器电动机损坏，应更换新电动机。

四、代步车用电动机与控制器

1. 代步车用电动机

代步车用电动机与电动自行车一样,大多采用直流无刷差速电动机,只是电动机供电电压增大为 60V 或 72V,电动机功率较大,一般在 1000W 以下。直流无刷差速电动机与电动自行车无刷电动机工作原理基本一样,不同之处是电动机半轴中间有一个差速器。差速器在使用中要定期更换齿轮油,一般每半年需要更换一次。差速器下方有个放油孔,打开即可放掉旧油,等旧油放完后,拧上螺钉。将差速器上方加油螺钉拧开,加入新的齿轮油。直流无刷差速电动机外形如图 6-22 所示。差速器和后桥外形如图 6-23 所示。

图 6-22　直流无刷差速电动机外形

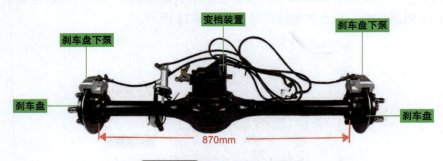

图 6-23　差速器和后桥外形

2. 代步车用无刷控制器

代步车用无刷控制器与电动自行车相比,电压和功率增大,电压采用 60V 和 72V,功率在 1000W 以上。其外接引出线方法与电动自行无刷控制器基本一样。60V/1000W 无刷控制器外形如图 6-24 所示。60V/1000W 无刷控制器接线图和调试方法如图 6-25 所示。

图 6-24　60V/1000W 无刷控制器外形

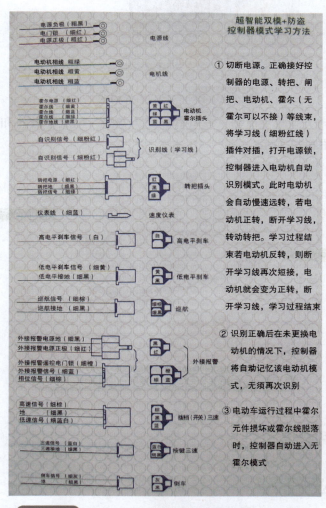

图 6-25　60V/1000W 无刷控制器接线图和调试方法

五、代步车用蓄电池和充电器

代步车也采用铅酸蓄电池,与电动自行车相比,只是蓄电池容量增大到100A·h。100A·h蓄电池外形如图6-26所示。

图 6-26　100A·h 蓄电池外形

代步车采用大功率充电器,充电器外壳为铝壳,以利于散热和携带。大功率充电器外形如图6-27所示。

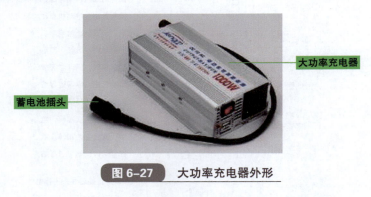

图 6-27　大功率充电器外形

第三节　锂电电动车和锂电池

一、锂电电动车

(一)锂电电动车概述

锂电电动车是采用锂电池的电动车,它的优点是重量轻,骑行时续行里程较采用铅酸蓄电池的电动车长。目前,在一些经济发达的城市已开始普及锂电电动车。例如小踏板老年代步车、折叠代驾车等都是锂电电动车。但是由于其售价较高,目前市场上还没有大量普及。小踏板老年代步车外形如图 6-28 所示。折叠代驾车外形如图 6-29 所示。

图 6-28　小踏板老年代步车外形

图 6-29　折叠代驾车外形

(二) 锂电电动车检修

锂电电动车一般外形较小,使用灵活方便,其整车电路原理和四大件与电动自行车基本一样,区别在于它使用锂电池作为动力电源,所以检修时可以参照电动自行车的原理和故障进行检修。

二、锂电池

（一）锂电池概述

锂电池的全称是锂离子蓄电池，它具有如下优点：高电压、高能量、长寿命、功率高、自放电小；无记忆效应；循环特性好；可快速充电，且效率高；工作温度范围宽，无环境污染等。

锂离子蓄电池外形如图6-30所示。

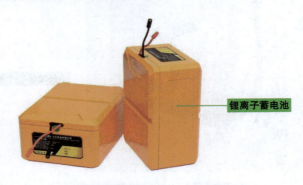

图6-30　锂离子蓄电池外形

锂离子蓄电池在电动自行车上使用，可以降低整车重量、提高充电续行里程，做到美观、轻捷，极大地方便了搬运和无电状态时的人力骑行，避免街头常见的人推车现象。锂离子蓄电池与铝质车架配合使用，可以使整车重量降至20kg以下，续行里程可以提高约20%，使电动自行车搬运起来更加方便。

（二）锂离子蓄电池主要构成

锂离子蓄电池的正极材料是氧化钴锂，负极材料是碳。蓄电池通过正极产生的锂离子在负极碳中的嵌入与迁出实现蓄电池的充放电过程。锂离子蓄电池由以下几部分构成：蓄电池盖、正极（活性物质为氧化钴锂）、隔膜（一种特殊的复合膜）、负极（活性物质为碳）、有机电解液、蓄电池壳。

（三）锂离子蓄电池的工作原理

锂离子蓄电池的工作原理就是指其充放电原理。当对蓄电池进行充电时，蓄电池的正极上有锂离子生成，生成的锂离子经过电解液运动到负极。而作为负极的碳呈层状结构，它有很多微孔，到达负极的锂离子就嵌入到碳层的微孔中，嵌入的锂离子越多，充电容量越高。同样道理，当对蓄电池进行放电时（使用蓄电池的过程），嵌在负极碳层中的锂离子脱出，又运动回到正极。回到正极的锂离子越多，放电容量越高。我们通常所说的蓄电池容量指的就是放电容量。

由以上可知，在锂离子蓄电池的充放电过程中，锂离子处于从正极 → 负极 → 正极的运动状态。

（四）锂离子蓄电池组组成

锂离子蓄电池的比能量较高，是目前比能量最高的蓄电池。

锂离子蓄电池组的组成如图 6-31 所示。

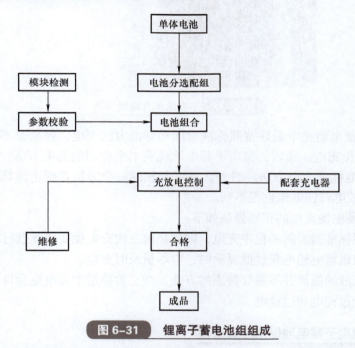

图 6-31　锂离子蓄电池组组成

电动自行车所用锂离子蓄电池组的重量为 3~4kg。电动摩托车所用锂离子蓄电池重 15~20kg，混合电动汽车所用锂离子蓄电池组重量为 30~100kg，纯电动汽车锂离子蓄电池重 300~400kg。

三、锂电池充电器

（一）锂电池充电器使用方法

锂电池应选用锂电池专用充电器，不能使用铅酸蓄电池充电器。

锂电池充电器外形如图 6-32 所示。

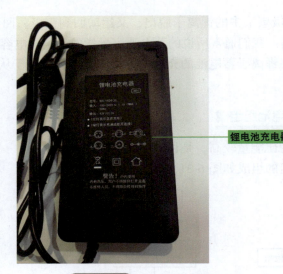

图 6-32　锂电池充电器外形

锂离子蓄电池充电最好按照标准时间和标准方法充电,特别是不要进行超过 12 个 h 的超长充电。通常,锂离子蓄电池说明书上介绍的充电方法,就是适合的锂离子蓄电池标准充电方法。另外,不可忽视的一个方面是锂电池同样也不适合过放电,过放电对锂电池也很不利。

锂离子蓄电池充电的正确做法如下:

1)按照标准的时间和程序充电,即使是前三次充电也要如此进行。

2)当出现蓄电池电量过低提示时,应尽量及时充电。

3)蓄电池的激活并不需要特别的方法,在正常使用中锂电池会自然激活。

4)防止过充电和过放电。

(二)锂离子蓄电池使用注意事项

使用锂离子蓄电池应注意的是,蓄电池放置一段时间后则进入休眠状态,此时容量低于正常值,使用时间亦随之缩短。但锂电池很容易激活,只要经过 3~5 次正常的充放电循环就可激活蓄电池,恢复正常容量。由于锂电池本身的特性,决定了它几乎没有记忆效应,因此锂电池在激活过程中,是不需要特别的方法和设备的。一般采用标准方法充电这种"自然激活"方式是最好的。

第七章

电动自行车/代步车维修方法和维修案例

第一节 电动自行车/代步车维修方法

一、维修常用的步骤

维修电动自行车/代步车分两步进行，即查找故障和修理。而修理的前提和关键是迅速查找故障，这就如同病人到医院治病，先找出病因，确诊后，才能进行治疗。

具体说，应通过"望、闻、问、切"来发现异常情况，从而找出故障电路和故障所在部位。

1）望：仔细察看各种电气元器件的外观变化情况。如看触点是否烧坏、氧化，熔断器是否损坏，继电器是否吸合，导线和线束是否烧焦。

2）闻：故障出现后，断开电源，将鼻子靠近电动机、控制器、继电器、绝缘导线等处，闻闻是否有焦味。如有焦味，则表明电器绝缘层已被烧坏，主要原因则是过载、短路或电流过大等故障造成。

3）问：向电动三轮车操作人员了解故障发生前后的情况。如故障发生前是否过载、频繁起动和停止；故障发生时是否有异常声音和振动，有没有冒烟、冒火等现象。

4）切：切有以下几种方法：

① 听：主要听有关电器部件在故障发生前后声音有否差异。如听电动机起动时是否只"嗡嗡"响而不转。

② 摸：故障发生后，断开电源，用手触摸或轻轻推拉导线及电器的某些部位，以察觉异常变化。如摸电动机、控制器感觉表面温度；轻拉导线，看连接是否松动；用手轻转电动机，看转动是否灵活等。

③ 测：发生故障时，根据电动三轮车电气设备所处的状态进行分析。通常用万用表测量关键点的工作电压、电流并与正常情况下的参数对照，判

断故障。

例如，电动三轮车电动机不转，首先要观察仪表上有无电压显示，判断有无供电造成的故障或是有供电而电动机不转。从而明确查找的故障范围。

二、故障维修方法

1. 故障现象观察法

故障现象是故障的直接表现，在熟悉电路结构和特点的情况下，只要能熟练地运用故障现象观察法对主要电路进行检查，很多故障就可以很快确定故障部位，甚至可以直接找到故障点。例如，转把与刹车线是否断路，这些故障可以通过观察故障现象很快找到故障部位。打开电源，转动转把试转电动机如图 7-1 所示。

图 7-1　试转电动机

2. 测试关键点

判断出大致的故障范围之后，可以通过测试关键点的电压、电流，结合正常时的工作电压、电流进行对比，来进一步缩小故障范围。这一点至关重要，也是维修的难点，要求维修者平时应多积累资料，找出可以替换的元件。

3. 测电压法

测量电压是维修中常用的基本维修方法之一，在实践中经常用到。它主要是测量电路或元器件的工作电压，以此来对故障部位和元器件进行判定。即用万用表检查其电压有无或大小，然后再与正常状态下所测数值进行比较，以此来判断该电路的工作是否正常。

测电压又可分为测交流电压和测直流电压两种类别。测交流电压就是用万用表的交流电压档,来测量电源的交流电压值。例如,测量充电器的电源输入端是否有 220V 交流电压。测直流电压是用万用表的直流电压档,来测量电动自行车的直流部分电路和元器件的电压。例如,测量充电器的直流输出端电压,如图 7-2 所示。

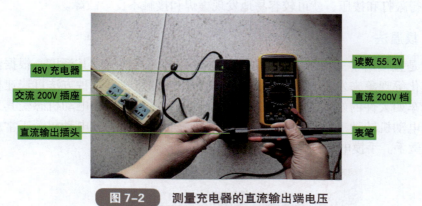

图 7-2　测量充电器的直流输出端电压

4. 测电流法

测量电流也是维修中的常用方法之一。例如,对电动自行车电动机电流的测量,如果其电流和正常值相比变化很大,那就说明电动机有问题,就可对症下药,对其重点检查。

5. 测通断法

测量导线的通断也是维修中的常用方法之一。它主要是利用万用表的蜂鸣器档,测量电路和导线的通断,这就可很容易地判定故障所在。例如,用万用表蜂鸣器档测量充电器输入线的通断,如图 7-3 所示。

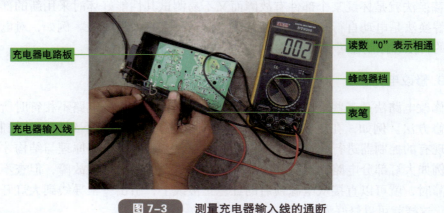

图 7-3　测量充电器输入线的通断

6. 敲击法

这也是维修中很有效的方法之一，特别是对于虚焊和接触不良等引起的故障。敲击方法是，用绝缘体，如木棍，在加电或不加电的情况下，对有可能出问题的部位进行敲打和按压，就可较容易地发现虚焊和接触不良等故障。

7. 摸温法

就是直接用手去摸（应注意安全）被怀疑的元器件感受其温度，根据温度的异常变化等现象来发现问题，可很快地判断出问题所在。这种方法可快速检查电动自行车四大件的好坏，做出判断。例如，用手摸控制器和电动机感受其工作温度，让电动机转动工作一段时间，当电动机停转后，用手摸电动机，正常应有温感而不烫手。手摸电动机如图7-4所示。

图7-4　手摸电动机

8. 替换法

替换法就是怀疑某个部件有故障而又不易测试其性能好坏时采用新的部件代替。替换法是电动自行车维修中经常使用而又行之有效的方法。例如，对电动自行车的转把和控制器可采用替换法，是否损坏，一换便知。

9. 修改电路法

修改电路法是某些电路设计不合理，或因配件与原机的电路不相符时所采用的维修方法。例如，在更换电动自行车控制器时，如一时购不到相同的控制器，可对现有的控制器进行改造使用，但修改电路时必须熟悉电路原理与结构才能进行。例如大灯部分电路，当检查大灯灯泡和大灯开关没有发现故障，但查不出电路故障时，就可以直接从电源锁后的红色正极线上，引出一根导线到大灯开关的进线，这样就可以修好大灯。

10. 拆除法

拆除法是某些元器件或配件在电路中起辅助性作用，这些元器件或配件在电动自行车电路中可有可无，在维修时可暂时将其拆除的维修方法。例如，闸把在检查故障时可暂时先拆除它的两根引线，缩小故障范围，等故障排除后再接上闸把。

三、维修技巧

1. 了解故障发生情况，确定维修方案

当一辆电动车的电气系统发生故障时，不要急于动手拆卸，首先要了解该车电气系统产生故障的现象、经过、范围、原因。熟悉该车及电气系统的基本工作原理，分析各个具体电路，弄清电路中各级之间的相互联系，以及信号在电路中的来龙去脉，结合实际经验，经过周密思考，确定一个科学的维修方案。

2. 先机械，后电路

电动车是以电气＋机械原理为基础的机电一体化先进设备，机械和电子在功能上有机配合，是一个整体的两个部分。往往机械部件出现故障，会影响电气系统，导致许多电气部件的功能不正常。因此不要被表面现象迷惑，电气系统出现故障并不全部都是电气本身问题，有可能是机械部件发生故障所造成的。因此先维修机械系统所产生的故障，再排除电气部分的故障，往往会收到事半功倍的效果。

3. 先简单，后复杂

维修故障要先用最简单易行、自己最拿手的方法去处理，再用复杂、精确的方法去维修。排除故障时，先排除直观、显而易见、简单常见的故障，后排除难度较高、没有处理过的疑难故障。

4. 先电源，后负载

维修故障要先对整机电源进行检查，然后再检修其他用电部件。例如，先测量整机的蓄电池组电压，看是否在正常范围内，等排除电源故障后，再检查其他部件。

5. 先维修通病、后疑难杂症

电气设备经常容易产生相同类型的故障，这就是"通病"。由于通病比较常

见，积累的经验较丰富，因此可快速排除。这样就可以集中精力和时间排除比较少见、难度高的疑难杂症，简化维修步骤，缩小范围并提高维修速度。

6. 先外部，后机内

外部是指暴露在电动车电气设备外部或密封件外部的各种开关、按钮、插口及指示灯。内部是指在电气设备外壳或密封件内部的印制电路板、元器件及各种连接导线。先外部调试，后内部处理，就是在不拆卸电气设备的情况下，利用电气设备面板上的开关、按钮等调试检查，缩小故障范围。首先，排除外部部件引起的故障，再维修机内的故障，尽量避免不必要的拆卸。

7. 先不通电测量，后通电测试

首先在不通电的情况下对电动车的电气设备进行维修。然后再在通电情况下对电动车电气设备进行维修。对发生电气故障的电动车进行维修时，不能立即通电，否则会人为扩大故障范围，烧毁更多的部件，造成不必要的损失。因此，在故障机通电前，首先进行电阻测量，采取必要的措施后，方能通电检修。

8. 记录维修笔记，提高效率

电动车电气设备出现的故障五花八门、千奇百怪。维修完任何一辆有故障的电动车，应该把故障现象、原因、维修经过、技巧、心得记录在专用笔记本上，积累维修经验，将自己的经验上升为理论。在理论指导下，具体故障具体分析，才能准确、迅速地排除故障。只有这样才能把自己培养成为维修电气故障的行家里手。

四、四大件故障的快速检测方法

1. 充电器

1）插上交流电源，观察充电器的指示灯是否正常，空载时一个红色电源指示灯、一个绿色指示灯点亮，如图 7-5 所示。

2）不通电，打开充电器，检查充电器电路板是否有异味和烧坏痕迹。

3）用万用表电阻档测量充电器电源进线和输出线是否短路或断路。测量充电器直流输出线如图 7-6 所示。

4）用万用表电压档检查充电器的电压是否正常。例如测量 60V 充电器，正常输出电压为 70V 左右，如图 7-7 所示。

第七章 电动自行车/代步车维修方法和维修案例

图 7-5　观察充电器的指示灯

图 7-6　用万用表电阻档测量充电器电源线

图 7-7　60V 充电器输出电压测量

2. 无刷控制器

1）检查无刷控制器是否有异味和烧坏痕迹，用手摸控制器外壳是否发烫。

2）用万用表电阻档检查控制器线路是否断路或短路。

3）打开电源锁，用万用表直流电压档测量控制器红、黑供电线，以及电源锁线是否有蓄电池组电压。

4）用万用表检查控制器调速转把绿色信号线，应有 1～4.2V 电压变化，说明转把正常。

5）旋动转把，用万用表交流档测量控制器粗蓝、粗绿、粗黄输出端是否有相同的交流电压，如图7-8所示。

图 7-8　测量 60V 无刷控制器的输出交流电压

6）选用万用表的二极管档，红表笔接控制器的黑色线，用黑表笔依次测量无刷控制器的蓝、绿、黄引线，读数大约在"400"，说明控制器基本正常，否则说明控制器损坏，如图7-9所示。

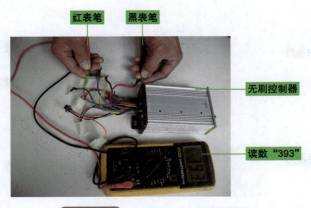

图 7-9　无刷控制器测量示意图

3. 电动机

1）打开电源锁，转动转把，观察电动机空转时是否有杂音。

2）不通电，电动机线不相连时，用手转动电动机，正常时应能轻松转动几圈。

3）用万用表二极管档测量电动机的 3 只霍尔元件，红表笔接霍尔元件的黑色负极线，用黑表笔依次测量霍尔元件的细蓝、细绿、细黄线，读数大约在"600"（型号不同有差异），否则说明霍尔元件损坏，如图 7-10 所示。

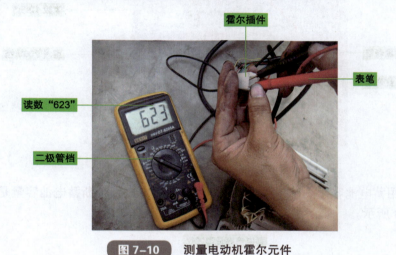

图 7-10　测量电动机霍尔元件

4）用万用表蜂鸣器档测量蓝、绿、黄 3 根电动机相线，正常应为导通状态，否则说明电动机线圈有故障，如图 7-11 所示。

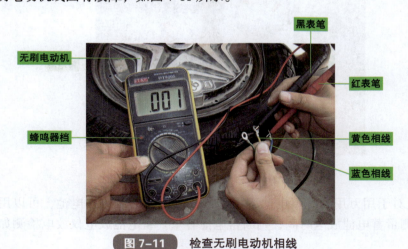

图 7-11　检查无刷电动机相线

4. 蓄电池

1）检查蓄电池外壳是否有变形、漏液现象。
2）检查蓄电池接线端子是否损坏。
3）用万用表直流电压档测量4个蓄电池端电压是否一致，如图7-12所示。

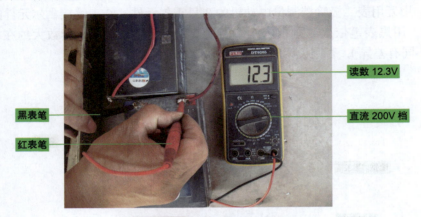

图7-12　测量蓄电池端电压

4）用蓄电池容量测试仪测量4个蓄电池负载电压，判断蓄电池容量是否一样，如图7-13所示。

图7-13　用蓄电池容量测试仪测量

5）对于用万用表和蓄电池容量测试仪测量无故障的蓄电池，可以用蓄电池放电仪测量蓄电池放电时间，判断蓄电池容量。蓄电池放电仪放电检测如图7-14所示。

图 7-14　蓄电池放电仪放电检测

第二节　电动自行车故障维修案例

一、飞鸽电动自行车骑行中整车跳动

1）首先询问用户电动自行车的使用年限，用户反映电动自行车已使用 3 年左右。该电动自行车外形如图 7-15 所示。

图 7-15　电动自行车外形

2）观察电动自行车前后轮胎，发现后轮胎有鼓包现象，说明轮胎使用时间过久，造成电动自行车行驶中整车跳动。

3）察看后轮胎型号为 16×2.125，更换相同型号内外胎后，故障排除。

专家指导

内外胎更换过程

1)使用专用修车支架支起后轮,修车支架可以自己动手用电焊焊接制作,可伸缩专用修车支架外形如图7-16所示。找到后轮主轴两侧的紧固螺栓,可以先拆卸下脚踏板,再拆下后轴螺栓,如果螺栓生锈,可以喷上除锈剂,等10min后拆除,左右两侧相同,如图7-17所示。

图7-16　可伸缩专用修车支架外形

图7-17　拆下后轮紧固螺栓

2)拆下电动机与控制器的8根连线,拆下后刹车线和固定螺栓,此时应注意不要损伤电动机引线,防止线缆断裂。将后轮向前稍微移动,将链子松动后,从链轮上拆解下来,这时就可以将后轮连同后刹车一同从车上取下来。

3)使用扒胎工具将后轮的内外胎从轮毂上拆下来。先用气芯扳手把轮胎内部气体放完,用手将轮胎的两端往下按一按,再用一字螺钉旋具将外胎撬出一个口子,再用扒胎扁撬慢慢撬开外胎,一次不要间隔太大,一般为3~5cm即可。然后再慢慢去除内胎。注意,当拽到胎嘴时,要按下外胎,轻轻把内胎拿掉,最后用手将外胎的另一侧与车圈脱离。

4)安装轮胎时先将外胎按前进的方向安装好,再安装内胎,内胎要先安装气嘴，然后一点点将内胎装入外胎，注意不要将内胎扭曲，否则充气时会爆胎。

5）安装好内外胎后，首先对后胎进行打气测试，如果没有漏气等异常现象就开始回装，顺序和拆解时相反。一定要固定结实，最后调试车闸，固定好电动机线。

6）注意事项：

① 不要将电动机电源线损坏。

② 对后轮主轴的调节，要保证后轮旋转时轮子不晃动，同时保证链条松紧适度。

③ 在对后轮轮轴进行调节时要通电试验，看看旋转是否稳定，试试链条松紧是否合理。

④ 安装内外胎时不要让工具损伤内胎，一定要保证内胎与外胎的型号一致，注意外胎的安装方向性（外胎上有箭头，指示前进的方向），一定要与车辆行驶方向一致，否则影响车速。

二、台铃电动自行车行驶时车把左右晃动不灵活

1）首先试骑电动车，发现方向柱左右晃动且不灵活，判断方向柱上的压力轴损坏。

2）打开前车罩，取下固定车把的紧固螺栓，就可取下车把。

3）将固定方向柱的紧固螺栓取下，即可将前轮和方向柱从整车上取下。

4）观察方向柱下侧压力轴承，发现已经全部损坏，更换新的同型号压力轴承，将前轮和方向柱按相反的顺序装好，故障排除。

5）注意事项：

① **要更换相同型号的压力轴承。**

② **安装好压力轴承后，方向柱要调节好松紧度，固定螺栓要拧紧，不可松动，**如图 7-18 所示。

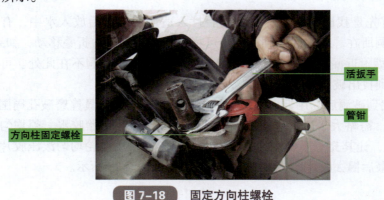

图 7-18　固定方向柱螺栓

三、有内胎轮胎漏气维修方法

1. 内胎慢性漏气维修方法

1）轮胎内的气体 2～3 天内减少或泄尽,称之为轮胎慢性漏气。首先用香皂水检查气门芯是否漏气,如果漏气,紧固气门芯。

2）如果故障不能排除,检查气门芯胶皮是否破裂或气门芯胶皮是否因老化而松软。拧出压气螺母,取出气门芯,更换气门芯。更换气门芯如图 7-19 所示。

图 7-19　更换气门芯

3）内胎有微孔,或外界气温高导致补过的地方渗漏。可取出内胎充气后仔细检查,有漏气处加补。

4）对于补过后的内胎渗漏,则要重新再补,但要把补过的地方全部刮清后才能再补。

2. 内胎破洞修补方法

1）首先是找破洞。方法是给破胎打入适量气体然后放入水中,有气泡的地方即是破洞所在。若不易找到破洞,可将车胎气门嘴两边折叠移动,如果有气泡,说明气门嘴附近漏气。打气后不漏气或漏气很慢说明破洞不在此处。可继续逐段检查,直到找出破洞为止。

2）找到破洞后,用毛巾把破洞处擦干,用砂纸或锉具锉磨破孔周围,锉面大小应适当,需略大于所选胶片。在清理好的部位涂上补胎胶水,须均匀薄涂,约等待 2min,让其充分干燥,贴上揭去铝箔的胶片,用滚轮均匀滚压胶片,使其贴接吻合,最后揭去胶片上的保护膜。冷补胶片如图 7-20 所示。

图 7-20　冷补胶片

四、真空轮胎漏气修补方法

1. 真空轮胎慢性漏气

1）首先用香皂水检查气门芯是否漏气，如果漏气，紧固气门芯。

2）检查气嘴垫圈与车圈接触处是否密封不好漏气。如果漏气更换相同型号新气嘴，气嘴的常见型号有 50mm、60mm、70mm。

3）如果气嘴垫圈正常，下一步用香皂水检查轮胎是否漏气。如果漏气，取出气门芯，加入自补液一瓶，试转轮胎后，将气门芯装好，故障即可排除。轮胎自补液如图 7-21 所示。加入自补液如图 7-22 所示。

图 7-21　轮胎自补液　　　　图 7-22　加入自补液

2. 真空轮胎破洞的修补方法

1）首先将轮胎转动一周，观察是否有钉子，如果有钉子，需要用老虎钳将钉子取出。

2）然后用专用工具将补胎胶条（俗称牛筋）放入破洞，注意胶条要穿透轮胎，拔下补胎工具，将胶条外露部分剪去。真空胎补胎工具如图7-23所示。

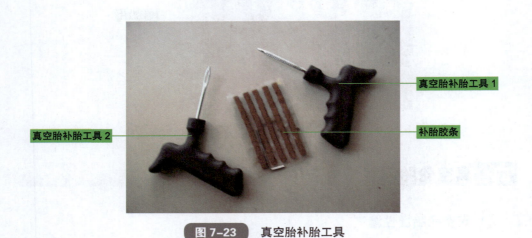

图 7-23　真空胎补胎工具

3）最后将轮胎充足气后用香皂水试漏。

名师指导

车胎的充气方法与保养

充气方法：充气充到一定的气压后，转动轮胎用手均匀敲击车胎，然后继续充气使车胎与轮圈吻合，以免骑行时出现滑胎现象。

充气要适当，太足则会使行驶时颠簸剧烈，太少则会影响车速和载重，而且会使外胎壁折裂、内胎扎坏。

车胎注入一定气体的目的是：能使电动自行车有一定的弹性，减少径向颠簸力对车圈的冲击；能在电动自行车负载情况下，减小路面同车胎的接触面，以减少摩擦力。为此，在骑行时，胎内气压要适合。胎内气压过大时车胎容易爆裂，如果过小，则会加大与地面的摩擦力，增加不必要的体力消耗，车胎还容易从车轮上滑脱。尤其在骑行时，车胎气压过小，更容易从轮子上滑脱下来，发生危险，导致骑行者受伤。

每次骑行前要给车胎充好气，进而检查车胎是否漏气，表面有无异物或刺伤部分。在夏季停车后，要将车子置放在阴凉处，避免车胎受热后气体膨胀而爆裂。

如果是更换新车胎，应将新胎装好后，进行骑行试验，检查车胎是否良好，确认无问题后，方可使用。

五、绿佳电动自行车骑行时有响声

1) 轮胎与泥板支棍碰撞产生响声。主要原因是车圈移位造成,可调整车圈,拧紧轴螺母,如图 7-24 所示。

图 7-24　拧紧轴螺母

2) 泥板支棍螺钉松动,使泥板位移。先拧紧泥板支棍螺钉,然后移正泥板,拧紧支棍在车架上的紧固螺钉,如图 7-25 所示。

图 7-25　拧紧支棍紧固螺钉

3) 闸皮和车圈摩擦发出响声。原因是车圈位移或闸皮位移、轴螺母松动。可调整车圈,校正闸皮位置,拧紧轴螺母。

4) 前轮胎与前叉腿相碰发出响声。原因是车圈变位,轴螺母松动。可调整车圈,拧紧轴螺母。

5) 后轮胎与车架平叉立叉相碰发出响声。原因是车圈变位,后轴螺母松动。可调整车圈,拧紧轴螺母。

六、绿源电动自行车打开电源锁后，全车无电

1. 故障现象

打开电源锁，仪表盘上无电压显示，说明全车无电。绿源电动自行车外形如图 7-26 所示。观察该车型号是 48V/350W 无刷电动自行车。

图 7-26　绿源电动自行车外形

2. 故障原因

故障原因可能有以下几种情况：
1）蓄电池连线断路。
2）蓄电池盒内熔丝断路。
3）电源锁或连线断路。

3. 维修过程

1）首先测量蓄电池充电插座，48V 车应有 48～53V 电压，经测量蓄电池组电压正常，如图 7-27 所示。蓄电池组电压正常说明蓄电池盒内无故障，应进行下一步检查。

2）打开前头罩，找到电源锁引线，将两根电源锁线直接短接后，电动自行车仪表显示正常，说明故障是电源锁损坏。更换新的电源锁后，打开电源锁试车，故障排除，如图 7-28 所示。电动自行车电源锁在车头上，用户为了方便通常把家中其他钥匙都挂在同一个钥匙链上，时间长了，易造成钥匙孔变大松动，使钥匙失灵。

图 7-27　测量蓄电池组电压

图 7-28　打开电源锁试车

> **专家指导**
>
> 　　绿源电动自行车生产时，充电插座通常为 N 是负极，L 是正极，通称为"反极"。这一点与其他品牌的电动自行车不同，其他品牌大多数电动自行车 N 为正极，L 是负极。这一点维修人员要注意，维修时不可接反，以防故障扩大。

● **相关链接：电源锁**

　　电源锁是控制电动车电路通断的元件，一般有两条或三条引线。电摩款有多条引线，但只用了其中两条。在 36V 电动自行车中所有电流经过电源锁，因此电源锁经过电流较大。在大部分 48V 电动自行车上只有灯具等电流通过电源锁，电动机用电直接由蓄电池供给，电源锁只做信号开关。电源锁引出线如图 7-29 所示。

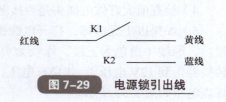

图 7-29　电源锁引出线

七、小刀电动车前大灯不亮

1. 故障现象

小刀电动车前大灯不亮,观察该车型号为 60V/500W 电动车。小刀电动车外形如图 7-30 所示。

图 7-30　小刀电动车外形

2. 故障原因

前大灯不亮,可能有以下原因。
1)前大灯灯泡损坏。
2)大灯开关损坏。
3)大灯供电电路有故障。
4)12V 转换器损坏。

3. 故障排除方法

1)打开前车罩,检查灯泡是否烧坏。
2)检查灯座是否接触不良。
3)检查灯线焊点是否脱落。
4)检查前大灯供电插头是否接触不良。
5)如果以上无故障,打开电源锁,同时打开大灯开关,测量大灯灯座的供电线白、绿线(白色为正极,绿线为负极)是否有蓄电池组电压或 12V 电压(通过转换器得到 12V 电压),如果有电压,说明大灯灯泡损坏,更换同型号灯泡。测量灯座电压如图 7-31 所示。

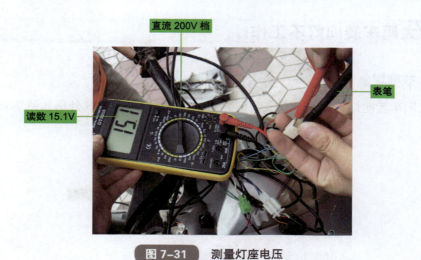

图 7-31　测量灯座电压

6）如果灯座无电压，检查大灯开关和远近光开关。可以使用万用表蜂鸣器档测量，也可以直接更换新开关试验。大灯开关外形如图 7-32 所示。远近光开关外形如图 7-33 所示。

图 7-32　大灯开关外形　　　　　　图 7-33　远近光开关外形

7）如果开关无故障，检查大灯供电电路和转换器是否有 12V 输出。测量转换器 12V 输出如图 7-34 所示。

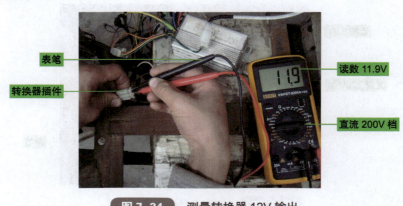

图 7-34　测量转换器 12V 输出

八、大阳车转向灯不工作

1. 故障现象

大阳车转向灯不工作，观察该车为 60V/600W 电动车，其外形如图 7-35 所示。

图 7-35　大阳车外形

2. 故障排除方法

1）首先打开电源锁，将转向灯开关分别打向左、右转向位置，测量转向灯灯座有无 12V（经转换器得到）电压。如有电压，检查转向灯插件和转向灯灯头触头是否接触不良和有霉点，有则重新接好或去除霉点。如果以上无故障，更换新的转向灯泡。

2）如果无电压，则测量闪光器进线 B 端有无 12V（转换器得到）电压，如图 7-36 所示。

图 7-36　测量闪光器进线端电压

3）如果无电压，则测量转换器 12V 输出，如果转换器无 12V 输出，更换新转换器。

九、雅迪电动车仪表不亮

1. 故障现象

雅迪电动车仪表不亮，观察该车为 72V/1000W 电动机，其外形如图 7-37 所示。

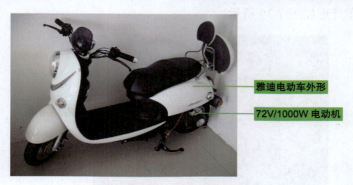

图 7-37　雅迪电动车外形

2. 故障排除方法

1）首先打开电源锁，用万用表直流 200V 电压档测量仪表供电线有无蓄电池组电压，如果有电压，说明仪表损坏，应更换新仪表。测量仪表供电线电压如图 7-38 所示。

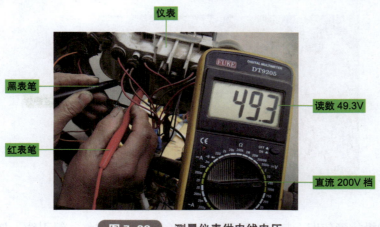

图 7-38　测量仪表供电线电压

2）更换新的同型号仪表,注意供电电压要一致。有的厂家生产的仪表供电线颜色在插件上的位置不一定对应,要进行调整,注意正负极不可接反。

十、爱玛车仪表盘指示灯亮,电动机不转

1. 故障现象

打开电源锁后,仪表盘电源指示正常,电动机不转。观察该车为 60V/500W 电动机。该车外形如图 7-39 所示。

图 7-39　爱玛车外形

2. 故障维修方法

1）仪表盘电源指示正常,说明蓄电池正常。首先断开左右闸把的两根引线,试车,如果电动机旋转,说明闸把损坏,如图 7-40 所示。

图 7-40　断开闸把的两根引线

2）如果故障依旧,打开电源锁,用镊子短接转把的红、绿引线,如果电动机

旋转，说明转把损坏，更换新转把。镊子短接转把的红、绿引线如图 7-41 所示。

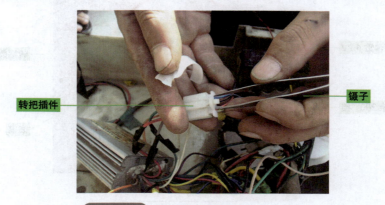

图 7-41　镊子短接转把的红、绿引线

3）如果故障依旧，使用万用表直流 200V 档测量控制器的粗红、粗黑线，应有与蓄电池组一致的电压，否则检测空气开关。可使用镊子直接短接空气开关两个接线柱，如果电动车正常，更换新的空气开关。然后测量控制器的细红（电源锁线）、粗黑线，也应有与蓄电池组一致的电压。测量控制器的粗红、粗黑线电压如图 7-42 所示。

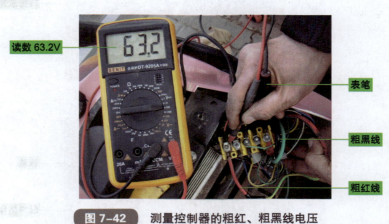

图 7-42　测量控制器的粗红、粗黑线电压

4）测量转把的红、黑线，应有 5V 左右电压，如果无电压，说明控制器损坏，更换新的控制器，如图 7-43 所示。

5）转动转把，测量转把的绿线、黑线，电压应在 1～4.2V（实测 0.8～3.5V）之间变化，如果无电压变化，说明转把损坏，也可直接用替换法试验，如图 7-44 所示。

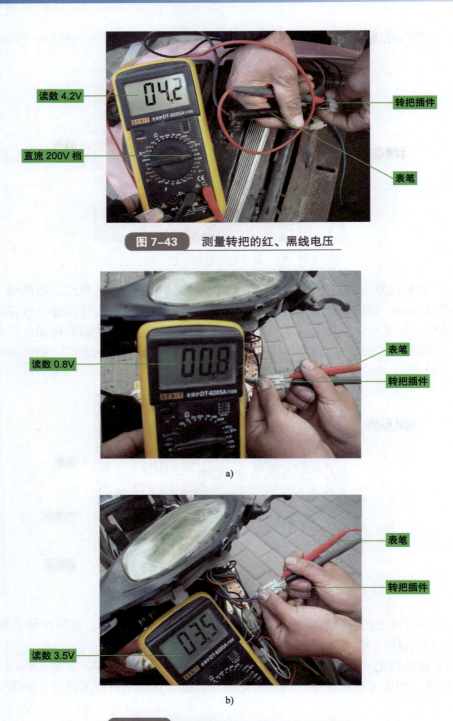

图 7-43　测量转把的红、黑线电压

a)

b)

图 7-44　测量转把的绿线、黑线之间电压

6）如果以上测量正常，转动转把，使用万用表交流 200V 电压档分别测量控制器的粗蓝、粗绿、粗黄线的任意两条，应有 0～40V 的交流电压，否则说明控制器损坏，应更换控制器，如图 7-45 所示。

图 7-45　测量控制器输出

7）如果控制器对电动机有输入电压，而电动机不转，说明电动机有故障，应维修或更换电动机。

第三节　代步车故障维修案例

一、御捷代步车电源锁打开后电动机高速运转

1. 故障现象

打开电源锁后，电动机高速运转不能控制（俗称"飞车"）。御捷代步车外形如图 7-46 所示。

图 7-46　御捷代步车外形

2. 故障原因

1) 脚踏调速器损坏。
2) 控制器烧坏。
3) 脚踏调速器红、绿信号线短路。
4) 脚踏调速器黑色负极线断路。
5) 控制器相线烧坏、短路或漏电。

3. 故障维修方法

1) 首先断开脚踏调速器与控制器连线,如果不飞车,说明脚踏调速器损坏。
2) 如果仍然飞车,检查以下几项:①脚踏调速器红、绿信号线短路;②脚踏调速器黑色负极线断路;③控制器相线烧坏、短路或漏电。
3) 如无以上故障,大多是控制器烧坏,应更换同型号新的控制器。
4) 观察控制器的型号为 60V/22000W,用同型号万能控制器更换。其接线方法如图 7-47 所示。

图 7-47　60V/22000W 万能控制器接线

二、金彭代步车打开电源锁后,电动机转速慢

1. 故障现象

打开电源锁后,试车,电动机转速低,仪表上的电量指示灯很快下降,说明

蓄电池有故障。

2. 故障维修方法

1）首先检测蓄电池是否在欠电压临界状态。用万用表直流200V档测量蓄电池充电插座电压，为60V，此时测量的是空载电压，需进一步检测。

2）打开后车座，使用蓄电池测试表逐一检测蓄电池，发现有一个蓄电池放电到红色亏电刻度（10.5V）以下，说明该蓄电池有故障，如图7-48所示。

图 7-48　蓄电池测试表检测蓄电池

3）找一个相同容量（120A·h）修复后的旧蓄电池配组装车，试骑，电动机转速正常，故障排除。

> **名师指导**
>
> 1）蓄电池欠电压临界状态是蓄电池放电的最低值，电压降到此值控制器将执行蓄电池欠电压保护，自动断电，从而防止蓄电池过放电。通常12V单个蓄电池欠电压值为10.5V；36V蓄电池组为31.5V；48V蓄电池组为42V；60V蓄电池组为52.5V。
>
> 2）蓄电池的更换一定要以旧换旧，新旧不能混用，配组时应选用修复后放电时间基本一致，蓄电池端电压相差在0.1V的蓄电池。

三、五羊代步三轮车电动机时转时停

1. 故障现象

打开电源锁试车，电动机时转时停，有时车速正常，有时车速不正常。观察该车为60V/1000W电动三轮代步车，其外形如图7-49所示。

图 7-49　五羊 60V/1000W 电动三轮代步车

2. 故障原因

1）转把损坏。

2）蓄电池损坏或连线接触不良。

3）电动车线路中插接件接触不良,重点检查转把插件、电动机霍尔元件插件、电动机相线接线柱等。

3. 故障维修方法

1）使用万用表直流 200V 电压档逐个检测蓄电池电压是否正常,一般不应低于 10.5V,如图 7-50 所示。

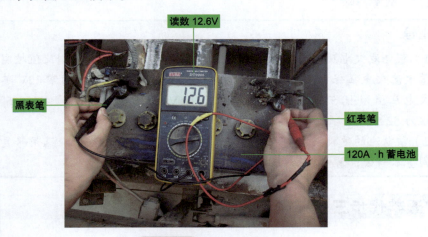

图 7-50　检测蓄电池电压

2）逐个检查每个蓄电池是否接触不良,如果发现有故障,重新固定蓄电池连线和螺栓,如图 7-51 所示。如果有连线外露,用绝缘胶带包好。

3）检查转把插接件是否松动虚接，如果松动，可以使用扎带将转把插件扎牢。

图 7-51　检查蓄电池连线和固定螺栓

4）如果故障依旧，直接更换新转把，试车，故障排除，如图 7-52 所示。

图 7-52　更换新转把

名师指导

　　更换调速转把方法，可将内六方扳手工具插入调速转把固定销内，逆时针旋转，松动后将旧转把向外拔出，然后把新调速转把按相反顺序安装好。最后把调速转把的红、黑、绿 3 根引线对应接好，即可试车。

四、金彭代步三轮车充电一次行驶距离短

1. 故障现象

　　金彭代步三轮车充电一次行驶距离短。该车采用 48V/45A·h 蓄电池，电动机

功率为 500W。该车外形如图 7-53 所示。

图 7-53　金彭代步三轮车

2. 故障原因

故障原因有以下几种：

1）轮胎气压不足，电动车带刹车行驶或超载行驶。

2）充电器有故障或充电时间短，充电器输出电压低于正常值，充电器提前转绿灯。

3）蓄电池有故障或使用时间超过 2 年，蓄电池硫酸盐化。

4）冬季外界气温过低，蓄电池能量发挥不出来。蓄电池最佳工作温度是 25℃，如果冬季气温过低，应将蓄电池放在室内充电。

3. 故障维修方法

1）检查轮胎气压是否充足，不足对轮胎进行充气，如图 7-54 所示。

图 7-54　对轮胎充气

2）检查刹车是否过紧，行驶时是否有摩擦声，如有则重新调整刹车，如图 7-55 所示。

图 7-55 调整刹车

3）检查蓄电池充电时间是否过短，充电器输出电压是否正常。
4）检测蓄电池是否有断格，蓄电池是否长期放置硫酸盐化。蓄电池断格则重新更换或配组蓄电池，蓄电池硫酸盐化则修复充电。

五、比德文代步三轮车不能零起动，行驶后车速正常

1. 故障现象

比德文代步三轮车不能零起动，行驶后车速正常。该车采用 48V/650W 电动机。比德文代步三轮车外形如图 7-56 所示。

图 7-56 比德文代步三轮车外形

2. 故障原因

1）转把 3 芯插件接触不良。
2）电动机 3 相引线接线柱接触不良。
3）电动机 5 芯霍尔元件插件接触不良或霍尔元件损坏。

3. 故障维修方法

1）首先检查 3 芯转把插件是否松动或接触不良，如有进行扎牢处理。

2）找到控制器，检查控制器与电动机相线相连的接线柱是否松动，如有进行紧固处理，如图 7-57 所示。

图 7-57　检查电动机相线接线柱

3）检查霍尔元件插件是否松动，如果正常，使用无刷电动机综合检测仪检测电动机霍尔元件。经检测发现一个霍尔元件损坏。

4）更换电动机霍尔元件。首先将代步三轮车后车箱顶起，取下电动机。无刷电动机外形如图 7-58 所示。

图 7-58　无刷电动机外形

5）对取下的电动机再次进行霍尔元件检测，使用万用表二极管档，红表笔接霍尔元件黑色负极线，黑表笔依次接蓝、绿、黄线，测量 3 只霍尔元件，应在"550"左右，经测量蓝色引线霍尔元件读数为"0"，说明该霍尔元件击穿短路，如图 7-59 所示。

图 7-59　用万用表二极管档测量霍尔元件

6）打开电动机，用内六方工具取下电动机外壳固定螺栓，将电动机。定子抽出，记录原霍尔元件的各色引线排列方法，观察发现该电动机霍尔元件按 120° 排列，然后取下 3 个旧霍尔元件，如图 7-60 所示。

图 7-60　打开电动机

7）三轮车电动机 3 个霍尔元件一般都安装在一块电路板上，所以要将 3 个霍尔元件一起更换，并对连线进行焊接和绝缘处理。带电路板的 3 个霍尔元件如图 7-61 所示。

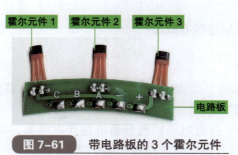

图 7-61　带电路板的 3 个霍尔元件

8）霍尔元件更换好后，将电动机复原装车，试骑后电动车行驶正常。

专家指导

原车生产厂家装车时使用的控制器，大多不是万能控制器，所以当电动机霍尔元件损坏，整车表现为不能零起动，或电动机不转。维修时可以更换电动机霍尔元件，也可以更换万能控制器。由于代步三轮车自重较大，所以在无霍尔状态下工作起步困难，维修时可采用更换电动机霍尔元件排除故障。

六、爱玛代步电动三轮车充电器插上后变绿灯，充不进电

1. 故障现象

爱玛代步电动三轮车充电器插上后变绿灯，充不进电。该车采用48V/32A·h蓄电池，电动机功率为500W，其外形如图7-62所示。

图7-62　爱玛代步电动三轮车

2. 故障原因

1）充电器损坏。
2）蓄电池或蓄电池连线有故障。

3. 故障维修方法

1）首先将充电器插上交流电源，测量充电器输出空载电压，为55.2V，说明充电器正常，如图7-63所示。

2）用万用表200V直流电压档测量蓄电池充电插座，如果无电压，说明蓄电池或连线有故障，应打开蓄电池盒检查，如图7-64所示。

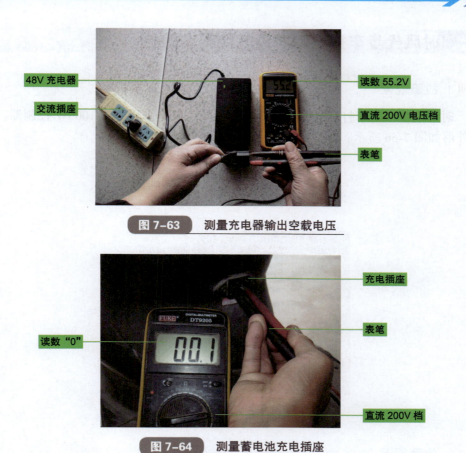

图 7-63　测量充电器输出空载电压

图 7-64　测量蓄电池充电插座

3）打开蓄电池盒，检查蓄电池充电连线和熔丝，熔丝检查可以目测，或用万用表蜂鸣器档测量，发现熔丝断路，观察熔丝型号为 250V/5A，重新更换新的熔丝后充电试验，故障排除，如图 7-65 所示。

图 7-65　测量熔丝

七、时风代步车打开电源锁就烧整车熔丝

1. 故障现象

时风代步四轮车打开电源锁就烧整车熔丝,该车采用 60V/1000W 控制器。该车外形如图 7-66 所示。

图 7-66　时风代步四轮车

2. 故障原因

1)整车线路中正、负极引线破皮短路。
2)控制器烧坏。
3)熔丝选用不当,型号不符。

3. 故障排除方法

1)首先断开控制器的电源输入端,打开电源锁观察是否烧熔丝。如果不烧熔丝,说明控制器烧坏,内部电路短路。如果控制器烧坏,更换同型号控制器。

2)如果仍烧熔丝,说明故障在控制器之前部分电路。检查蓄电池连线是否短路,熔丝座是否接触不良,熔丝型号是否正确,整车熔丝一般为 30A。如果有故障,立即排除。熔丝座及熔丝如图 7-67 所示。

3)如果故障没有排除,检查大灯部分线路、喇叭部分线路、仪表部分线路,如果有故障分别排除。

第七章　电动自行车／代步车维修方法和维修案例

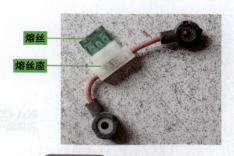

图 7-67　熔丝座及熔丝

名师指导

熔丝的检修方法

应在没有电压输出的情况下检查熔丝的好坏。一般蓄电池盒都带有熔丝座，会在蓄电池盒的某个地方有标记指示。外壳上没有熔丝的可能内置于蓄电池盒内，拆开蓄电池盒即可找到。如果熔丝已断开，更换同型号的熔丝。不可用导线直接将熔丝两端短接，代替熔丝使用；严禁用铜丝、铁丝等导体取代，以免造成故障扩大。

八、大阳四轮代步车更换蓄电池后，整车无电

1. 故障现象

大阳四轮代步车更换蓄电池后，整车无电，该车采用 60V/2200W 控制器，超威 100A·h 蓄电池。该车外形如图 7-68 所示。超威 100A·h 蓄电池如图 7-69 所示。

图 7-68　大阳四轮代步车

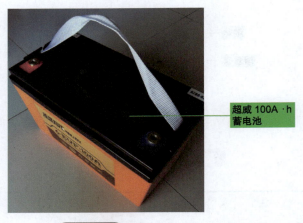

图 7-69　超威 100A·h 蓄电池

2. 故障排除方法

1）如果是新装车，重新检查蓄电池连线是否接错，蓄电池连线是否松动。如有立即排除。

2）检查整车熔丝，四轮代步车整车熔丝有的厂家安装在前车罩下，有的厂家安装在后备箱车罩下，此车安装在后备箱车罩下。找到熔丝后用万用表测量，发现熔丝烧断，更换新的 30A 熔丝后，试车正常。

大容量蓄电池在更换新蓄电池时，由于蓄电池容量大，工作电流较大，注意连线不可接错，连线要保证紧固。更换时应避免产生打火现象，否则易造成整车熔丝烧断。

附 录

雅迪电动自行车结构分解图

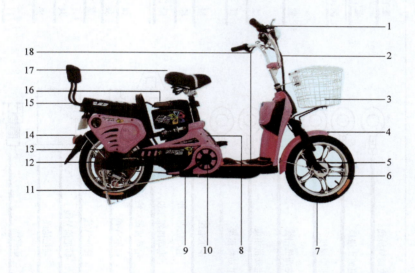

1—方向把	5—前减振	9—脚蹬	13—涨闸锁	17—鞍座
2—仪表	6—前刹车	10—中轴	14—反射器	18—脚踏板
3—车筐	7—前轮	11—双梯	15—座垫	
4—前挡泥板	8—控制器	12—电动机	16—电池盒	

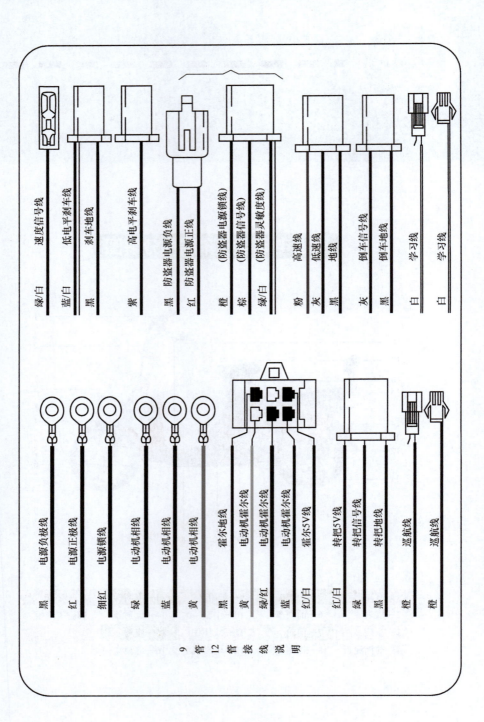

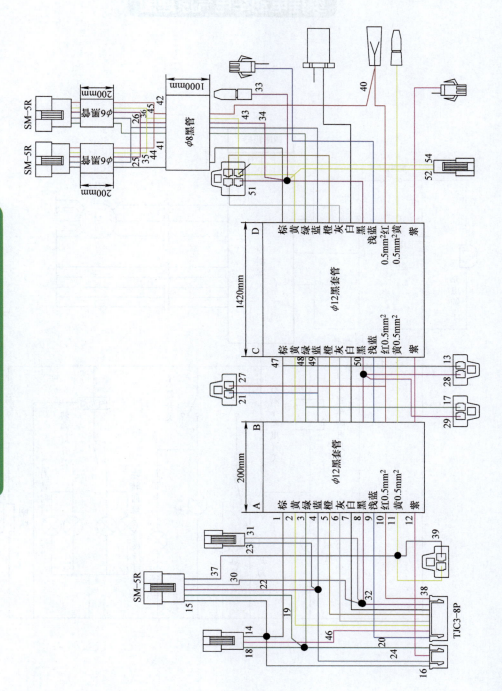

绿佳电动车电气原理图

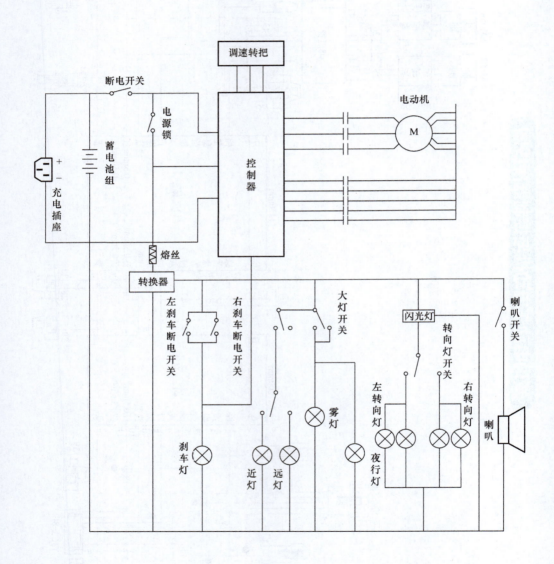

台铃电动车电气原理图

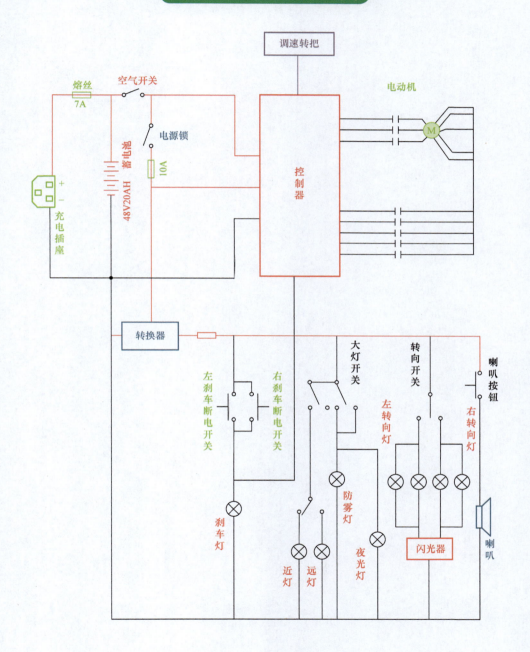